Augenblick mal

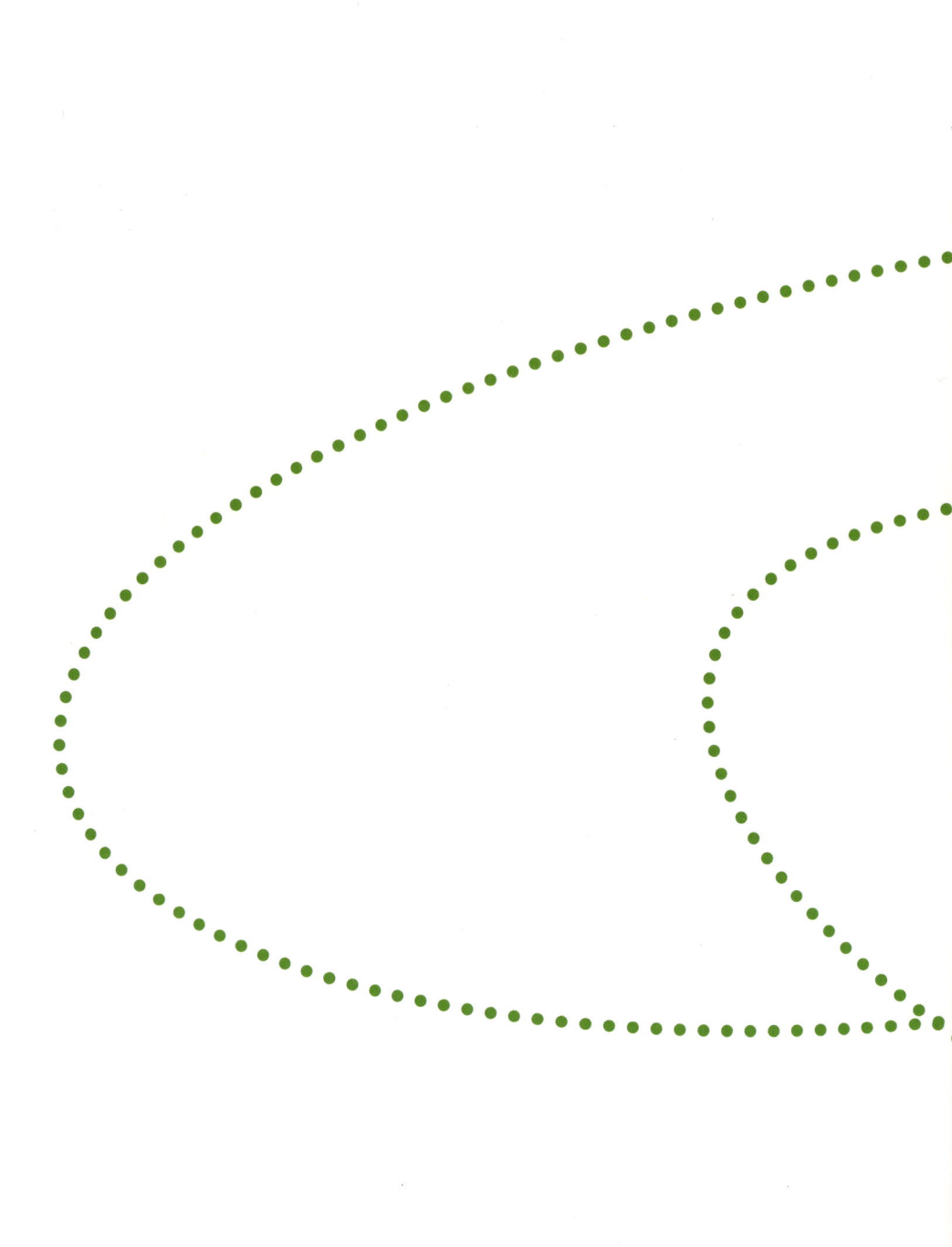

Joke van Leeuwen

Augenblick mal
Was wir sehen, wenn wir sehen, und warum

Aus dem Niederländischen
von Hanni Ehlers

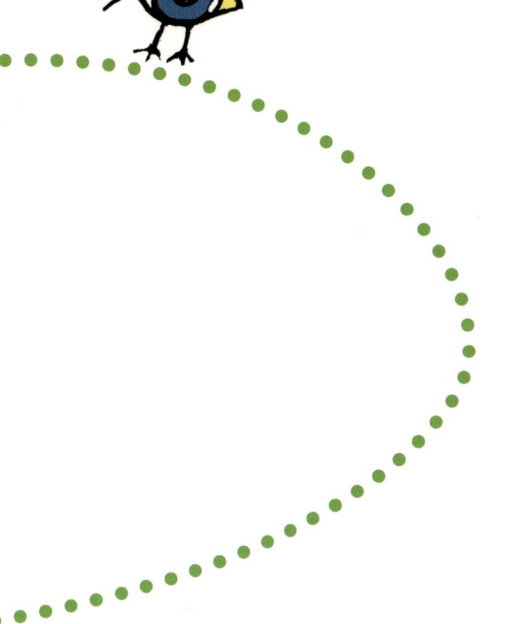

 GERSTENBERG

 Inhalt

1 Warum wir mehr sehen als wir sehen
oder wie wir uns einen halben Hund ganz denken

7

2 Wie andere uns anders sehen lassen
und warum man manchmal nicht mehr weiß,
ob echt ist, was echt aussieht

13

3 Von sichtbaren und unsichtbaren Linien und
wie sie helfen oder etwas verraten oder auch
schüchtern sein können

21

4 Wie wir vor Bildern stehen oder von ihnen
umringt sind und was das mit verschiedenen Arten
des Denkens zu tun haben kann

27

5 Von Farben, die uns beeinflussen können, und wie
Rot mit Grün zu Gelb und Essen blau werden kann

34

6 Von neuen alten Sanduhren und anderen Symbolen,
die mehr besagen, als man sieht

46

7 Wie das Licht von allen Seiten kommen
und alles auf den Kopf stellen kann

53

8 Vom Trick mit der Perspektive
oder wie wir in Nahem Ferne sehen können
61

9 Was Perspektive und Format
mit Kaisern und Sklaven zu tun haben
72

10 Wie alles auf einem Blatt oder in einer Stadt
stehen kann und wie man den Goldenen Schnitt findet
80

11 Von Bildern, die stehen und sich dennoch bewegen,
und wie wir Zeitsprünge machen können
92

12 Wie man Körper und Bäume verpackt
und zur Schau stellt, was man hat
101

13 Vom Nachmachen und Inspiriertwerden
und wie Delphine Menschen auf
Ideen bringen können
110

Danksagung
121

Abbildungsnachweis
123

1 Warum wir mehr sehen als wir sehen oder wie wir uns einen halben Hund ganz denken

Selbst wenn wir sehr alt werden, können wir in unserem Leben nicht alles sehen, was es auf der Welt zu sehen gibt:

Alles, worin sich die Sonne spiegeln kann.

Felsmalereien in Höhlen, die noch keiner entdeckt hat.

Die größten und dicksten Bäume der Welt.

Die kleinsten und dünnsten Hunde der Welt.

Den ersten Computer, der ganze Räume füllte.

Jede Wolke, die sich in einem Tautropfen an einem Spinnennetz widerspiegelt.

Alle Tempel, Kathedralen und Moscheen.

Die Tiefseekrabben in der tiefsten Tiefsee.

Alle Fotos von Autos.

Die Planeten, die wir nicht erreichen können.

Die schönsten und fremdartigsten Gemälde und Skulpturen und Comics, die Menschen je gemacht haben.

Die Ränder der Wüsten und des ewigen Schnees.

Den höchsten Turm der Welt.

Den längsten Fluss der Welt.

Jedes Ding, das die Menschen aufbewahren, weil sie es gern haben oder weil sie eine Geschichte darüber erzählen können.

Jeden kleinen oder großen, hohen oder tiefen, harten oder weichen, altersschwachen oder neuen, normalen oder ausgefallenen Sessel oder Stuhl, der gemacht wurde, weil der Mensch nicht immer nur stehen will.

Jede Aussicht von einem Berg oder Hügel oder Aussichtsturm oder Dach.

Jede Art von Schmuck, den sich die Menschen ausgedacht haben, um sich selbst, ihr Haus, ihre Hütte, ihr Haar oder ihre Hände zu verschönern.

Einen Wombat, eine Steinmöwe und ein Stockschwänzchen.

Jeden Plan und jede Erfindung, an die niemand geglaubt hat.

Jede Pflanze und Blume, die aus trockenem oder nassem oder magerem oder fettem Boden gesprossen ist.

Alle Filme, die je gedreht wurden.

Alle Länder, die es auf der Welt gibt.

Es ist viel zu viel, so viel, dass es über die Seite quillt und auf den Fußboden läuft und durch den Fußboden hindurch in die Erde.

Das sehen wir zwar nicht, aber vorstellen können wir es uns, wenn wir es können.

Ich habe nichts aufgezählt, wofür ich kein Wort habe. Ich habe Hunde aufgezählt und Berge. Wir wissen, was das ist. Wenn wir das Wort **Hund** oder das Wort **Berg** lesen, entsteht ein Bild dazu in unserem Kopf. Das ist nicht bei jedem dasselbe Bild, sondern ein Bild von **einem** Hund oder **einem** Berg. Wenn wir noch nie einen Hund gesehen haben, haben wir kein Bild von einem Hund im Kopf, das geht ja gar nicht. Und wenn wir das Wort **Hund** nicht kennen, wenn das für uns genauso ein Wort ist wie **Frtlplif**, entsteht in unserem Kopf auch kein Bild dazu.

Ein Pilot hat gelernt, eine IFR-Karte zu lesen, also eine Straßenkarte für die Luft. Andere sehen auf so einer Karte nichts als Linien und Zahlen.

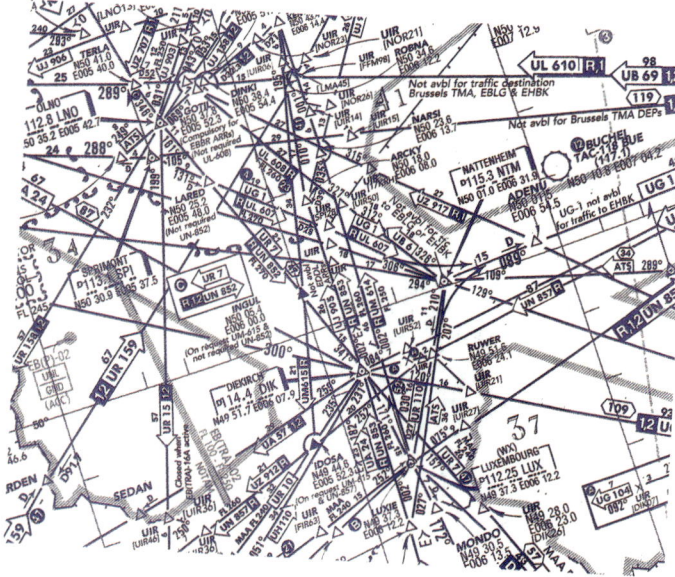

Ein Arzt kann an einem undeutlichen Fleck auf einem verschwommenen Foto sehen, welche Krankheit seinem Patienten unter der Haut steckt. Und wer viel von dünnen Hunden versteht, sieht, wenn er einen dünnen Hund sieht, mehr als jemand, der nur denkt: Der Hund ist aber dünn!

8

Wir sehen uns jeden Tag in der Welt um, aber nicht alles, was es zu sehen gibt, nehmen wir wahr. Das ist auch gut so, denn all die vielen Bilder würden unseren Kopf sprengen.

Ein kleines Kind, für das die Welt neu ist, zeigt auf alles, was ihm auffällt. Es sieht Dinge, die Erwachsene gar nicht mehr sehen. Eine Windfahne auf einem Dach zum Beispiel oder eine Katze hinter einem Fenster.

Wenn man irgendwo ist, wo man alles zu kennen glaubt, sieht man sich weniger gut um als irgendwo, wo man zum ersten Mal ist.

Auf diesem Bild ist eine halbe Frau mit einem halben Hund zu sehen. Trotzdem denken wir nicht, dass diese Frau und dieser Hund tatsächlich halb sind. In unserem Gehirn vervollständigen wir die Zeichnung automatisch, weil wir wissen, dass Frauen meistens zwei Beine haben und Hunde vier. Die Beine denken wir uns dazu, weil wir sie kennen und erwarten. Aber wenn man das Stück Papier wegnimmt, das auf dem Bild liegt, sieht man etwas, was man nicht erwartet hätte.

Unsere Augen nehmen auf, was sie sehen, und unser Gehirn vergleicht das mit dem, was es schon kennt.

Weil unser Gehirn das kann, sehen wir oft mehr als das, was eigentlich da ist.

Zum Beispiel einen Kopf in einem knorrigen Ast. Dabei wissen wir aber schon, dass es nicht wirklich ein Kopf ist, sondern ein Ast, der zufällig so eine Form hat.

Hierbei denkt man höchstwahrscheinlich an Wasser, auch wenn man das nicht soll.

Es gibt Maler und Bildhauer, die nicht wollen, dass ihre Kunst etwas Erkennbares zeigt. Sie nennen ihr Gemälde **Rot und Gelb** oder ihre Skulptur **Runde Form** oder so.

Aber es ist gar nicht so leicht, an nichts zu denken, denn unser Gehirn möchte gern, dass wir an etwas denken.

Wer findet, dass Gemälde und Skulpturen immer etwas Erkennbares darstellen müssen, sollte sich mal Teppiche ansehen. Die müssen meistens nichts Erkennbares darstellen, können aber solche schönen Farben haben, dass man die ganze Zeit auf den Fußboden starren möchte.

So einen Teppich könnte man genauso gut an die Wand hängen.
Obwohl dieser Teppich keinen Hund und kein Gesicht darstellt, kann er doch etwas bedeuten. Man könnte ihm den Titel **Die Ungleichheit** geben oder **Die Mitte, die nicht in der Mitte ist.**

Als der Künstler Paul Klee
1940 diese Zeichnung gemacht
hatte, nannte er sie nicht **Kreise
und Striche**. Und auch nicht
**Zwei geschmückte Stühle im
schiefen Wald** oder **Narben-
gesichtiges Monster**.
Die Zeichnung trägt den Titel
Tanzende Früchte.

Das ist ein Vogel.

Das ist ein Messer.

Das ist Druckerschwärze auf Papier.

Das Ding ist dasselbe. Die Benennungen sind verschieden. Man kann in einem Messer einen Vogel sehen, obwohl man weiß, dass es ein Messer ist
und kein Vogel. Wenn ich nur das Wort **Vogel** geschrieben hätte, ohne ein
Bild dazu, würde man nicht an ein Messer denken. Man würde sich im Kopf
ein Bild von einem Tier machen, das an den Seiten Flügel und vorn einen
Schnabel hat. Ein Tier eben, für das es das Wort **Vogel** gibt.

2 Wie andere uns anders sehen lassen und warum man manchmal nicht mehr weiß, ob echt ist, was echt aussieht

Ich war einmal in einem Dorf auf einer Insel an der Ostküste von Afrika. Dort wurde eine Fernsehreportage gedreht, und ich sollte dazu ein Tagebuch auf Band sprechen.

In einer großen Hütte sangen kleine Kinder ein Lied. Ein Mädchen war Vorsängerin: Sie sang jeweils eine Liedzeile vor, die dann von den anderen nachgesungen wurde. Ich hatte so kleine Kinder noch nie so schön und so kraftvoll singen hören. Draußen vor den Fenstern standen ein paar zehnjährige Jungen und starrten neugierig nach drinnen.

Dann kam der Kameramann zur Tür herein, ein großer weißer Mann mit einer großen schwarzen Kamera. Dieser fremde Riese mit dem fremdartigen Ding auf der Schulter machte den kleinen Kindern große Angst. Sie fingen fast alle an zu weinen.

Und das wurde gefilmt.

Später konnte man bei uns im Fernsehen weinende kleine afrikanische Kinder sehen, und es sah aus, als weinten sie vor Hunger. Was ja nicht stimmte. Und die Jungen draußen vor den Fenstern warteten auch nicht auf Essen, sondern waren einfach neugierig.

Jeden Tag werden von dem, was auf der Welt passiert, neue Fotos und Filme gemacht. Was sie zeigen und was nicht, entscheiden die Leute, die sie machen. Und die entscheiden auch, **wie** sie es zeigen.

Wenn wir bei irgendetwas, das im Fernsehen gezeigt wird, selbst dabei gewesen sind, fällt uns oft auf, dass wir anders davon erzählen würden. Wir sind zum Beispiel in einer Demonstration mitgegangen. Von den zehntausend Demonstranten zogen neuntausendneunhundertachtzig friedlich über die Straße. Zwanzig machten Randale.

Wenn wir dann später im Fernsehen vor allem die Randalierer sehen, kommt es uns fast so vor, als seien wir nicht auf derselben Demonstration gewesen.

Wladimir Putin, ein wenig verloren inmitten der europäischen Staats- und Regierungschefs bei ihrem Gipfeltreffen in Finnland letzten Freitag.

Das ist ein Zeitungsfoto aus dem Jahr 2006. Man sieht einige europäische Regierungschefs, die zu einer Sitzung zusammengekommen waren.

In der Bildunterschrift heißt es, Wladimir Putin stehe ein wenig verloren da. Aber vielleicht wollte er ja gern einen Kaffee und hielt Ausschau nach jemand, der ihm einen bringen könnte.

Jetzt erfinde ich eine andere Bildunterschrift. Ich schreibe etwas, was nicht wahr ist, und trotzdem betrachtet man dasselbe Foto dadurch anders.

Die europäischen Regierungschefs suchen gemeinsam nach der Kontaktlinse, die dem russischen Präsidenten runtergefallen ist.

Das Foto ist ein Ausschnitt aus der Wirklichkeit. Wenn mehr darauf abgebildet wäre, hätte man vielleicht sehen können, wonach Wladimir Putin Ausschau hält. Oder man hätte vielleicht eine Stufe gesehen, von der die anderen Regierungschefs nicht runterfallen wollten.

Wenn man nur einen Teil einer Abbildung zu sehen bekommt, kann man nicht immer wissen...

...was sich
dort wirklich
abspielt.

Wer das Computerprogramm Photoshop anzuwenden lernt, kann Fotos verändern. Solche Fotos scheinen dann die Wirklichkeit abzubilden, tun es aber
nicht.

Ein Gesicht kann
so verändert
werden, dass es
nicht mehr zu
erkennen ist.

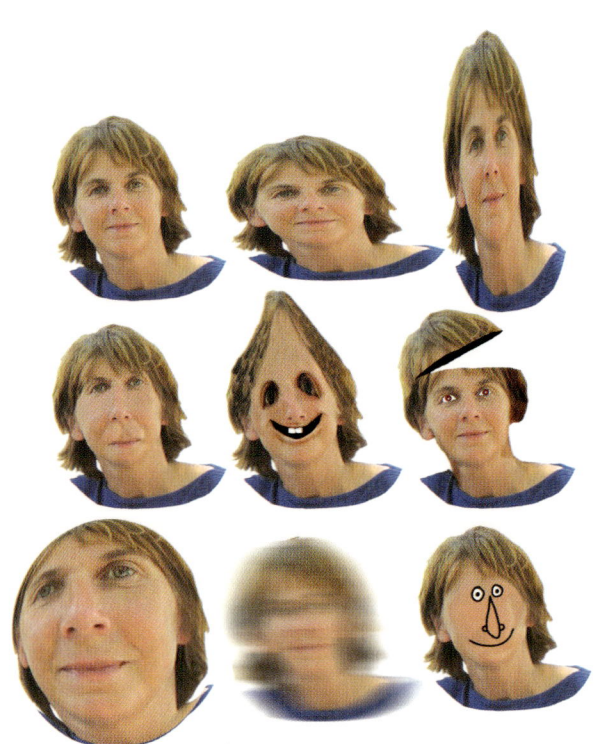

Man kann jemanden, der hinter einem anderen steht, einfach
verschwinden lassen. Man kann Zähne ausbessern, Falten glätten
oder den Hintergrund austauschen.

Manchmal weiß man echt nicht mehr, ob echt ist, was echt aussieht.

Eine alte griechische Geschichte erzählt von zwei Malern, die Zeuxis und Parrhasios hießen. Zeuxis sagte zu Parrhasios, er habe ein Bild von einem Jungen mit einem Korb Trauben auf dem Kopf gemalt. Diese Trauben sähen so echt aus, dass die Vögel geflogen kämen, um davon zu essen.

»So etwas kann ich auch«, sagte Parrhasios.

Als Zeuxis eines Tages zu Parrhasios ging, um nachzuschauen, ob das auch stimmte, sah er ein Bild, vor dem ein Vorhang hing.

»Zieh mal den Vorhang auf«, bat Zeuxis.

Aber es war kein echter Vorhang, sondern einer, den Parrhasios gemalt hatte.

Da sagte Parrhasios zu Zeuxis: »**Du** kannst den **Tieren** weismachen, dass echt ist, was du gemalt hast, aber **ich** kann es den **Menschen** weismachen.«

Das ist ein Gemälde von einem Gemälde, auf dem eine echte Aussicht abgebildet ist, aber weil diese echte Aussicht auch gemalt ist, ist sie doch nicht echt.
Auf dem Bild sieht man zwei Formen, die gleich aussehen, aber etwas ganz Verschiedenes sind: das Dach des Turms und die Straße, die in die Ferne führt.

Dass man in die Ferne sehen kann, ist auch etwas, was echt zu sein scheint, aber nicht echt ist. Denn diese Seite ist so flach wie nur was.

Dieser Fußboden ist auch so flach wie nur was.

Hinweiszeichen malt man lang gezogen auf die Straßendecke

Diese Wellen bewegen sich nicht, aber irgendwie doch.

Wo hört der Buchstabe auf, wo fängt das Bild an?

Manchmal sieht man etwas nicht, was sehr wohl da ist.
Manchmal glaubt man etwas zu sehen, was nicht da ist.

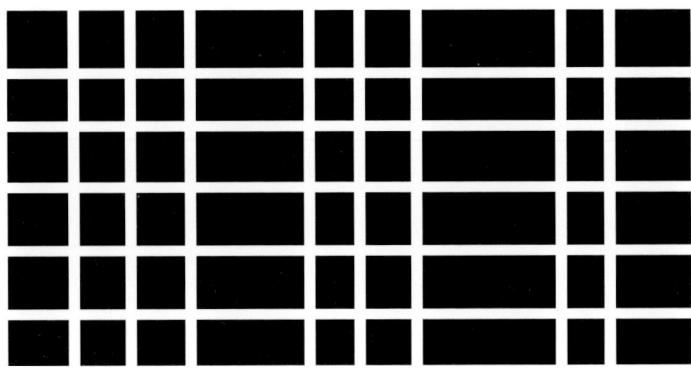

Auf den Schnittpunkten der weißen Linien springen einem schwarze
Flecken ins Auge, die da nicht sind. Man nennt das optische Täuschung.
Eine ganz normale Strichzeichnung ist das aber eigentlich auch.

Du zeichnest
einen läppischen Strich

einen simplen Kreis

zwei mickrige Punkte

und dich sieht einer
an, der aussieht wie
alle und jeder.

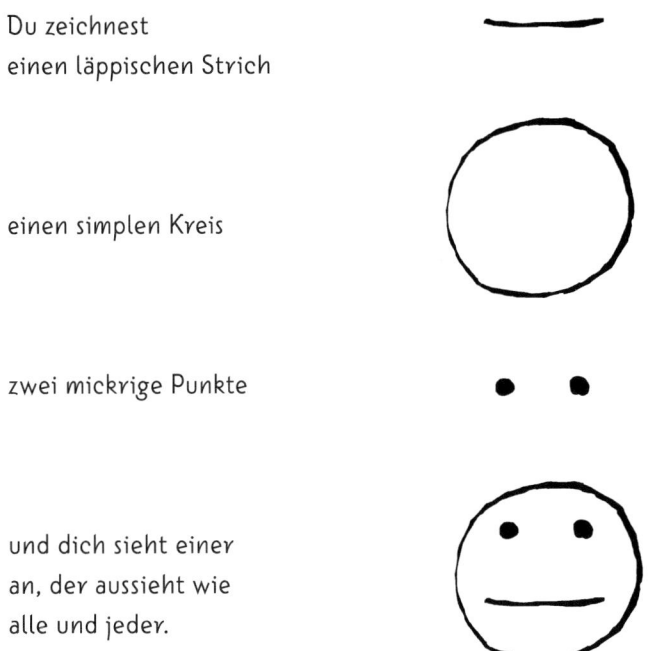

3 Von sichtbaren und unsichtbaren Linien und wie sie helfen oder etwas verraten oder auch schüchtern sein können

Das ist keine Zeichnung von einem weißen Hund und einer weißen Frau in einem weißen Kleid auf einer weißen Bank mit weißen Blättern dahinter. Hier wurden nur die Farben weggelassen. Die kann man sich aber dazu-denken, wenn man die Zeichnung anschaut.

Das ist praktisch für einen Zeichner, da braucht er nur die Hälfte zu machen. Die andere Hälfte macht der, der sich das anschaut.

Vieles kann man weglassen. Aber nicht alles.
　Vls knn mn wglssn. Abr ncht alls.
　V k m wls. A n a.

In Comics und Cartoons wird vieles weggelassen.

Ein Finger zum Beispiel.

Oder Augenlider.

Mit wenigen Linien lässt sich
darstellen, ob jemand böse ist oder
bange oder traurig oder froh.

Die Linien selbst können auch
etwas verraten.

Zum Beispiel, dass sie schüchtern
und unsicher sind.

Oder stark und schneidig.

Linien können Bewegung darstellen.

Und dass etwas
Geräusche macht.

Hier müsste Bewegung drin sein,
aber man spürt nicht viel davon, weil
es so steif gezeichnet ist.

Linien können auch Gerüche sichtbar machen.

Auf diesem Gemälde aus dem Jahre 1637 sieht man auch, dass etwas riecht, aber es ist anders dargestellt als in den meisten Comics oder Cartoons. Dass hier etwas stinkt, weiß man, weil sich der Mann die Nase zuhält.
Die Frau ist übrigens nicht ganz bei der Sache.
Sie guckt nämlich, ob wir auch gucken.

Linien können versteckt sein. Dann sind sie Hilfsmittel für den Aufbau eines Bildes. Man sieht sie nicht, aber man kann sie sich hineindenken. Das ist wie bei einem Zelt. Die Stangen, mit denen es aufgebaut ist, kann man ja von außen auch nicht sehen.

Man kann sich in diesem Gemälde zum Beispiel eine Linie denken, die unter der rechten Pobacke und unter der linken Hand von dem Mann vorne links hindurch über den Unterarm des Mannes in der Mitte bis über Rücken und Kopf der Frau ganz rechts führt.

Und es lassen sich noch weitere versteckte Linien finden.

Wenn man die Felder zwischen diesen Linien farbig ausmalen würde, käme ein abstraktes Gemälde heraus. **Abstrakt** bedeutet wörtlich **abgezogen**. Das, was an dem Bild erkennbar war, ist weg. Solche abstrakten Bilder machten europäische Maler erst im zwanzigsten Jahrhundert.

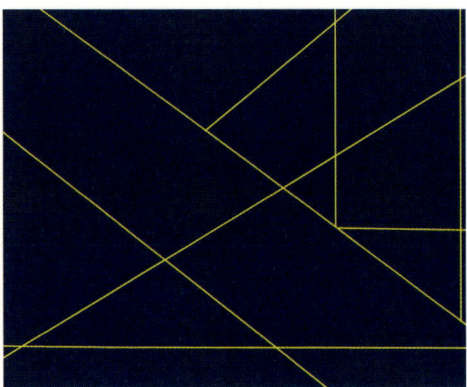

Trotzdem enthalten also auch ältere Gemälde, die etwas Erkennbares darstellen, abstrakte Linien, die selbst nichts darstellen. Ihre Bedeutung liegt darin, dass sie beim Aufbau des Bildes helfen wie die Zeltstangen beim Zelt und es ins Gleichgewicht bringen.

Uhren auf Werbefotos stehen fast immer auf zehn nach zehn. Wenn man sich über die Zeiger hinweg Hilfslinien denkt, die wie Pfeile auf die Ziffern weisen, sieht das bei einer Uhr, die zehn nach zehn anzeigt, wie zwei jubelnd hochgerissene Arme aus.

Um fünf vor halb sieben würden die Arme traurig nach unten hängen. Und damit ließe sich eine Uhr nach Meinung der Werbeleute wohl nicht so gut verkaufen.

4 Wie wir vor Bildern stehen oder von ihnen umringt sind und was das mit verschiedenen Arten des Denkens zu tun haben kann

Bei einem Fernsehquiz darf der Kandidat nur eine Antwort auf eine Frage geben. Und was nicht richtig ist, ist falsch.

Wie heißt der längste Fluss der Welt?

Nil

Wer hat das erste Computerprogramm geschrieben, als es noch keine elektronischen Computer gab?

Ada Lovelace

Wo lebt der Wombat?

In Australien

Diese Fragen haben nichts miteinander zu tun. Es gibt keine Wombats im Nil, und Ada Lovelace (die eigentlich Augusta Ada Byron, Gräfin von Lovelace hieß) ist nie in Australien gewesen.

Wenn einer solche Fragen stellt, ist das genauso, als malte er ein Bild von einem Mond, einer Kneifzange und einem Schwein. Man erkennt den Mond, die Kneifzange und das Schwein, aber was haben die miteinander zu tun?

Angenommen, man bekommt plötzlich eine ganz andere Art Frage gestellt. Zum Beispiel: **Wie könnten wir am besten dafür sorgen, dass die Kinder, die noch geboren werden, ein besseres Leben haben?**

Das ist keine Frage, auf die es nur eine richtige Antwort gibt.

Und vielleicht sollte man auch nicht gleich eine Antwort geben, sondern erst selbst ein paar Fragen stellen:

Was heißt »besseres Leben«? Dass sie reicher sind oder gesünder oder mehr Freunde haben oder ...?

Warum soll das Leben besser werden, ist es denn nicht gut genug?

Können wir überhaupt dafür sorgen?

Was heißt »am besten«, wie soll man das wissen?

...?

Auf viele Fragen hat der Mensch nicht wirklich eine Antwort. Wissenschaftler versuchen durch ihre Forschung Antworten zu finden, zum Beispiel darauf, wie die Welt entstanden ist. Sie haben viele Beweise für die Evolutionstheorie zusammengetragen, die sagt, dass sich unsere Erde und alles, was darauf lebt, in Milliarden von Jahren entwickelt hat.

In der Bibel und im Koran steht, dass Gott die Welt erschaffen hat. Und es gibt noch weitere jahrhundertealte Geschichten über die Entstehung der Welt. Im alten Ägypten erzählte man unter anderem von dem Gott Chnum, der die Menschen auf seiner Töpferscheibe formte. Und in Polynesien von Mutter Erde und Vater Himmel, die ihre Kinder zwischen sich einklemmten, als sie sich umarmten. Daraufhin schoben die Kinder Mutter Erde und Vater Himmel auseinander, um sich Platz zu verschaffen.

Es gibt auch alte Geschichten darüber, wie das Zeichnen entdeckt wurde. Zum Beispiel die über ein Mädchen, das sechs Jahrhunderte vor dem Jahr eins lebte {das Jahr null hat es nie gegeben}. Das Mädchen hieß Dibutades und war Tochter eines Töpfers. Als der Junge, den Dibutades liebte, auf eine längere Reise gehen musste, wollte sie zum Abschied gern ein Bild von ihm, das sie sich anschauen konnte, wenn sie an ihn dachte. Sie sah seinen Schatten an einer Mauer und kam auf die Idee, die Umrisse mit Holzkohle nachzuziehen. {Er wird wohl seitlich zur Mauer gestanden haben, sonst hätte man nicht viel davon.}

Als der Junge fort war, konnte das Mädchen seine Umrisse auf der Mauer anschauen und sich ihn hineindenken.

Die ältesten Zeichnungen, die überall auf der Welt in Höhlen und auf Felsen
überdauert haben, stammen z. T. aus noch viel früherer Zeit als sechs Jahrhunderte vor dem Jahr eins. Sie könnten bis zu vierzigtausend Jahre alt sein.
Und es sind sogar noch ältere Bilder erhalten geblieben.

Die Menschen, die vor so unvorstellbar langer Zeit lebten, zeichneten
Bisons und andere Tiere, die wir heute sofort erkennen. Aber wir können
den Menschen keine Fragen mehr stellen. Warum haben sie das gezeichnet?
Sollte das bei der Jagd helfen? Hatten sie Angst davor? War es etwas Heili-
ges? Wollten sie damit alte Geschichten erzählen? Und dachte man damals:
Schau mal, wie schön der und der das gezeichnet hat? Oder war es überhaupt nicht wichtig, von wem die Zeichnung stammte, weil sie von allen und
für alle war?

Wir Menschen von heute erkennen also, was abgebildet ist, wissen aber
nichts mehr über die mögliche tiefere Bedeutung davon. Wir haben Vermu-
tungen. Das schon.

Dieses spanische Mädchen namens María Sanz de Sautuola hat 1879 eine besondere Entdeckung gemacht. Marías Vater wusste von uralten Felsmalereien, die man in anderen Ländern gefunden hatte, und hoffte, so etwas auch in ihrem Altamira zu finden. María durfte ihn bei der Suche begleiten. Einmal ging sie tiefer in eine Höhle hinein als ihr Vater und sah dort als Erste viele Zeichnungen von Bisons und anderen Tieren. »Guck mal, Papa«, rief sie, »Stiere!«

María und ihr Vater erzählten Archäologen von ihrem Fund, aber die wollten nicht glauben, dass die Zeichnungen wirklich so alt waren. Die dachten, dass man sie an der Nase herumführen wollte. Erst viele Jahre später gaben sie zu, dass sie sich geirrt hatten, aber da lebte Marías Vater schon nicht mehr.

In Lascaux in Frankreich hat man 1940 auch Höhlenmalereien entdeckt. Bis Anfang der sechziger Jahre kamen viele Menschen dorthin, um sie sich anzusehen. Aber mit ihrer Wärme und ihrem Atem brachten sie, ohne es zu merken, Schimmel und Algen in die Höhle. Die breiteten sich im Licht der Lampen, die man in der Höhle angebracht hatte, aus und schadeten den Malereien. Um diese zu schützen, wurde die Höhle geschlossen. Seit 1983 kann man sie sich aber wieder ansehen, denn Teile der Höhle wurden originalgetreu nachgebaut und nachgemalt.

Wenn du in einer Höhle stehst, die ganz und gar bemalt ist, sind diese Malereien rings um dich herum. Sie sind unter dir, über dir, hinter dir, vor dir und neben dir.

Auch in vielen Kirchen aus früheren Jahrhunderten waren die Menschen von Malereien oder Mosaiken umringt. Obwohl sie von Menschen gemacht worden waren, schienen sie für die Menschen damals etwas Höheres zu sein und ihre Wirkung auf sie war überwältigend. Sie zeigten eine Welt, in der das Verhältnis zwischen Groß und Klein und Oben und Unten anders war als im normalen Leben und in der es Ungeheuer gab und Engel, die einen Turm in der Hand halten. Sie zeigten ein Paradies, in dem alles schön war, aber auch eine Hölle, in der alles brannte. Das hat man so gemalt, weil die Menschen daran glauben sollten und sich dann anstrengten, so zu leben, dass sie ins Paradies kommen würden.

Zu jener Zeit schrieb ein Dichter für seine Mutter:
> »Bin nur ein armes Weib voll Einfalt, dumm und alt,
> weiß nichts von Lesen, Schreiben und solch klugen Dingen.
> In unsrer Kirche seh ich an der Wand gemalt
> das Paradies, wo Flöten, Harfen, Lauten hell erklingen,
> und auch den Höllenpfuhl, wo die Verdammten brennen ...«

François Villon (1431 – nach 1463), Übersetzung: Walter Widmer

Das Umringtsein kann
man auf diesen flachen
Buchseiten nicht so richtig
veranschaulichen. Und von
den uralten Höhlenmalereien
hast du hier auch nur einen
kleinen Ausschnitt in Form
eines Rechtecks zu sehen
bekommen.

So sehen viele Gemälde aus,
wenn sie in einem Museum
hängen. Sie sind gerahmt.
Damit man sie auch woanders
hinhängen kann. Wer Geld hat,
kann stolzer Besitzer so eines
Kunstwerks werden und es
hinhängen, wo er will.

Und wenn man es sich anschaut,
steht man direkt davor, auf ungefähr gleicher Höhe.

Seit Film und Fernsehen erfunden wurden, können wir, obwohl wir nur in
eine Richtung schauen, trotzdem verschiedene Seiten sehen, weil Kameras
bewegliche Bilder machen. Und seit wir mit dem Computer in virtuelle
Welten eintauchen, können wir uns einbilden, dass wir selbst die Figuren
sind, die wir über unseren Bildschirm spazieren lassen oder fliegen oder
fallen, ohne dass es wehtut.

So ist auch eine andere Welt um uns herum. Aber eine, in der wir, wie wir uns einbilden, alles selbst steuern.

Durch unsere Figuren sehen wir diese virtuelle Welt über uns, unter uns, überall. Und dabei starren wir geradeaus auf einen flachen Bildschirm.

5 Von Farben, die uns beeinflussen können, und wie Rot mit Grün zu Gelb und Essen blau werden kann

Es scheint so, als werde die grüne Mittellinie nach rechts hin heller, aber das stimmt nicht.

Es scheint so, als sei der linke blaue Kreis dunkler als der rechte, aber auch das stimmt nicht.

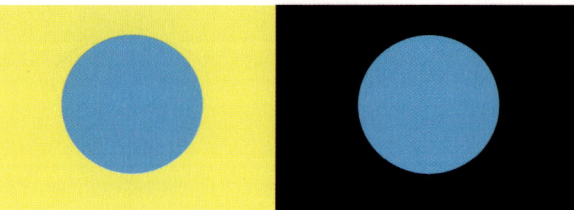

Alles um uns herum ist farbig. Wenn Licht darauffällt zumindest. Im Dunkeln sieht ein Mensch ja nicht viel.

Das Licht scheint weiß zu sein, aber es enthält Farben. Farben, die wir vom Regenbogen kennen, der entsteht, wenn die Sonne die Regentropfen anstrahlt. Man sieht diese Farben auch, wenn man die Unterseite einer CD ins Licht hält und leicht bewegt.

Riesenpanda kann Farben sehen

Von unserer Wissenschaftsredaktion
ROTTERDAM, 17. OKT. Riesenpandas (Ailuropoda melanoleuca) können Farben sehen. Das belegen Untersuchungen amerikanischer Psychologen, die in der neuesten Ausgabe der Fachzeitschrift *Learning & Behavior* veröffentlicht wurden. Zwei erwachsene Pandabären (das Weibchen Lun Lun und das Männchen Yang Yang) mussten in einem Test jeweils das farbige von drei Blättern Papier heraussuchen. Um sicherzugehen, dass sich die Pandas auch wirklich für die Farbe entschieden, wurde diese unter Papieren in achtzehn verschiedenen Grautönen »versteckt«. Die richtige Wahl wurde mit Futter belohnt. Die Pandas trafen in 80 Prozent der Fälle die richtige Wahl. Beide konnten Grün und Rot unterscheiden, und das Weibchen auch Blau. Das Männchen konnte den Blautest nicht beenden, weil es wegen Zahnschmerzen kein Interesse mehr an der Futterbelohnung hatte.

Physiker sagen, dass das Licht sowohl aus ganz kleinen Teilchen als auch aus Wellen besteht. Manchmal ist es bei der Erforschung von Licht praktischer, in Teilchen zu denken, und manchmal in Wellen. Die Wellen können klein und kurz sein, aber auch groß und lang. Die Wellen, die entstehen, wenn du ein Steinchen in einen Teich wirfst, sind ja auch nicht genauso groß wie die Wellen im Meer.

Der Abstand zwischen zwei benachbarten Hochpunkten einer Lichtwelle heißt Wellenlänge. Unterschiedliche Wellenlängen bedeuten unterschiedliche Farben. Rot hat die größte Wellenlänge, Violett die kleinste. Infrarot hat eine noch größere Wellenlänge als Rot, Ultraviolett eine noch kleinere Wellenlänge als Violett. Aber diese Farben können wir nicht sehen.

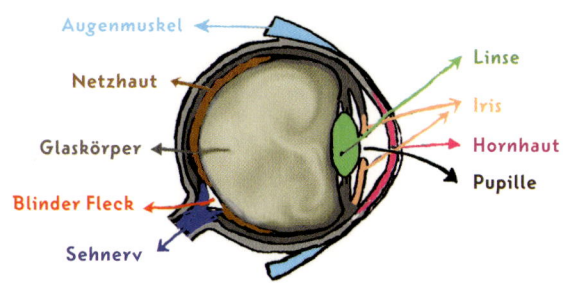

Querschnitt durch das Auge

So merkst du, dass du einen blinden Fleck hast: Schließe das linke Auge und schaue mit dem rechten Augen auf den kleinen Vogel. Wenn du dir das Buch jetzt immer näher vors Gesicht hältst, wirst du den kleinen Fisch irgendwann nicht mehr sehen.

Wir sehen etwas, weil Licht in unsere Augen fällt. Eigentlich schießt das Licht hinein, mit einer Geschwindigkeit von 300.000 Kilometern pro Sekunde. Ist es viel Licht, werden unsere Pupillen kleiner. Ist es wenig Licht, werden sie größer.

Unsere Netzhaut fängt die Bilder auf. In so einer Netzhaut befinden sich ungefähr hundert Millionen Stäbchen und sieben Millionen Zapfen. Mit den Zapfen sehen wir Farben, die Stäbchen helfen uns bei Dämmerung und Dunkelheit.

Wenn du dich also nachts mal allein fühlst, denk einfach: Meine hundert Millionen Stäbchen sind ja hier bei mir.

Unsere Augen nehmen die Bilder verkehrt herum auf. Unser Gehirn dreht sie wieder richtig herum. Zum Glück, denn es wäre ziemlich lästig, wenn wir immer nur alles auf dem Kopf sähen.

HAHA! Du stehst auf dem Kopf!

Computer und Fernseher arbeiten mit Lichtfarben. Der Bildschirm hat winzig kleine Elemente, in denen das Licht rot, grün oder blau ist. Diese Farben sind so verteilt, dass man ganz von selbst auch alle anderen Farben sieht. Stehen zum Beispiel rote und grüne Lichter nah beieinander, sieht man das als Gelb. Und Rot, Grün und Blau zusammen werden als Weiß wahrgenommen.

Die Farben, die man an Kleidern, in Büchern, an Möbeln oder in der Natur sieht, sind anders als die Lichtfarben. Man kann rote und grüne Farbe mischen, so viel man will, es wird nie Gelb daraus.

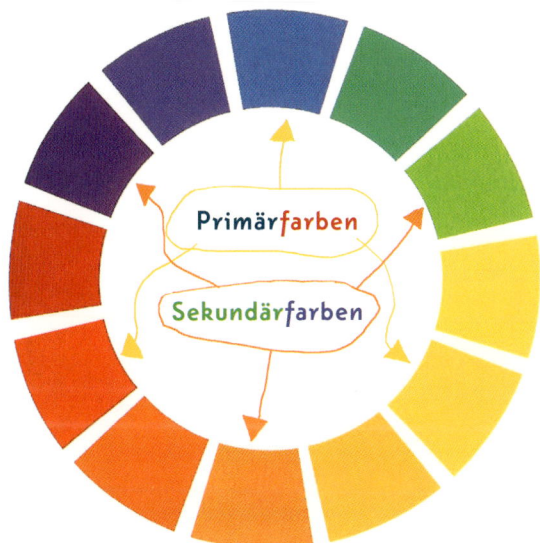

Die **Primärfarben**, von denen alle anderen Farben abgeleitet sind, sind Rot, Blau und Gelb. Die **Sekundärfarben** entstehen durch das Vermischen von zwei Primärfarben. Blau mit Gelb wird zu Grün, Gelb mit Rot wird zu Orange, Blau mit Rot wird zu Violett.

Die Farben, die sich in diesem Kreis jeweils genau gegenüberstehen, nennt man **Komplementärfarben**.

Wenn du eine Weile
unverwandt auf das rote
Herz schaust und dann
auf die weiße Fläche
daneben, scheint dort
ein grünes Herz auf.
Grün ist die Farbe,
die dem Rot gegen-
übersteht, also seine
Komplementärfarbe.

Zwei leuchtende
Komplementärfarben
sehen nebeneinander
noch leuchtender
aus. Zieht man einen
schwarzen Strich
zwischen ihnen, stechen
sie nicht mehr so ins
Auge. Farben mit großer
Leuchtkraft nennt man
auch gesättigte Farben.

Vermischt man zwei
Komplementärfarben,
wird das Ganze blass.

38

 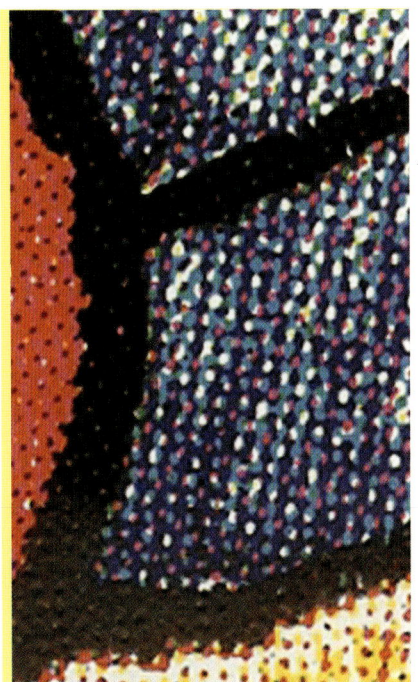

Ein Farbfoto oder eine Farbabbildung in einem Buch oder einer Zeitschrift besteht aus winzigen roten, blauen, gelben und schwarzen Pünktchen. Damit können alle anderen Farben aufgebaut werden, ohne dass man Druckfarbe in all diesen Farben benötigt.

Auf Werbeplakaten an der Straße kann man diese Pünktchen meistens gut sehen, wenn man nah davor steht.

Ein rotes Zimmer wirkt kleiner als ein blaues. Rot ist eine Farbe, die in den Vordergrund tritt. Blau bleibt eher im Hintergrund. Blau wird als kalte Farbe bezeichnet, Rot als warm und Grün als ruhig. In einem grünen Klassenzimmer müsste es also ruhiger sein als in einem roten. Aber das hängt natürlich auch davon ab, welches Blau oder Rot oder Grün wir meinen. Und wer in dem Klassenzimmer sitzt.

Es gibt viel mehr Farben als Namen dafür. Und Farbnamen sind auch nicht immer eindeutig. Zum Beispiel Fleischfarben. Das ist eine Farbe im Ton der Haut weißer Menschen. Fleischfarben könnte aber genauso gut dunkelbraun sein. Oder rot, wenn man an das Fleisch in der Fleischtheke denkt.

Deshalb hat man Farben Nummern gegeben. Dann kann man dem Drucker, der ein Poster drucken soll, die PMS- oder RAL-Nummer der Farben angeben und braucht nicht erst zu erklären: »Ich möchte ein Zitronengelb mit einer Spur Weiß und einem Hauch Seegrün darin.«

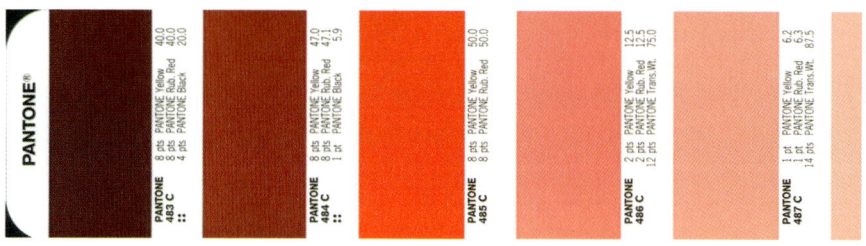

Für die uralten Felsmalereien wurden das Gelb, das Rot und das Braun von Erde und das Schwarz von Holzkohle benutzt.

Im Laufe der Jahrhunderte entdeckte man immer wieder neue Rohstoffe, die mit Öl oder Ei oder Spucke zu etwas Streichbarem vermischt werden konnten. Weiße Farbe mischten sich Maler zum Beispiel mit zerriebenen Eierschalen an. Auch Blei haben sie dafür benutzt, doch das war so giftig, dass manche davon starben. Aus Blei kann man übrigens auch rote Farbe machen, die nennt man Mennige.

Vor rund tausend Jahren wurden Bücher mit der Hand geschrieben und mit schönen kleinen Malereien ausgeschmückt, zum Beispiel um den ersten Buchstaben einer Seite herum. Man nennt so etwas Miniatur, weil dazu rote Farbe, lateinisch **minium**, benutzt wurde. Heute nennen wir vieles, was klein ist, Miniatur oder mini. Aber das kommt vom lateinischen Wort **minimum** für klein. Etwas Kleines müsste also eigentlich **Minimatur** heißen.

Früher gab es ein schönes Rot, das aus Schildläusen gemacht wurde, die auf Kakteen lebten. Und eine Farbe namens Scheiß-gelb aus bestimmten Beeren. Für Kupfergrün nahm man den grünen Belag, der sich auf Kupfer bilden kann. Alte Kup-ferskulpturen, die im Freien stehen, haben oft so einen Grün-schimmer.

Jahrhundertelang wuchs auf vielen Feldern eine Pflanze, die Färberröte hieß. Aus ihren Wurzeln konnte ein roter Farbstoff gewonnen werden. Als aber im neunzehnten Jahrhundert entdeckt wurde, dass man auch aus Steinkohle und Erdöl Farbstoffe gewinnen konnte, die billiger waren, und auch für Farben immer mehr Fabriken errichtet wurden, kauften die Maler keine Färberröte mehr, sondern Fabrikfarben. Die Bauern, die vom Anbau der Färberröte gelebt hatten, mussten sich auf andere Anbauprodukte verlegen, um ihr Geld zu verdienen. Deshalb sehen wir heute keine Felder mehr, auf denen die Färberröte blüht.

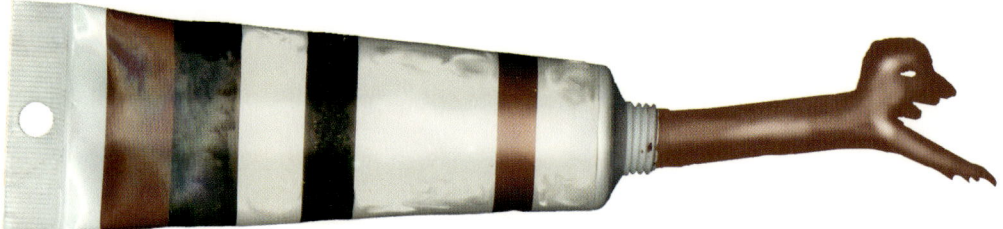

Die Tube, die zuerst für Farbe benutzt wurde, aber inzwischen auch für Zahnpasta und Mayonnaise und vieles andere, wurde 1841 erfunden. So kamen und kommen Menschen immer wieder auf neue Ideen, die wir später für ganz selbstverständlich halten.

Sicherheitsnadeln. Kugelschreiber. Tuben.

Das Neue an der Farbtube war, dass die Farbe darin nicht austrocknete {wenn der Verschluss gut zugeschraubt war} und man sie bis zum allerletzten Rest herausdrücken konnte {wenn man die Tube immer schön aufrollte und nicht gleich in der Mitte drückte}.

Farben können sich verändern, wenn zu viel Licht darauffällt. Manchmal hängen neben der Eingangstür eines Restaurants Fotos von blauem Essen. Dann sind vor allem die gelben Pünktchen in den Abzügen von der Sonne ausgeblichen worden, wodurch das Essen nicht mehr so appetitlich aussieht. Die vielen grünen Bäume und Blätter auf alten Wandteppichen sind, wenn sie ein paar Jahrhunderte dort gehangen haben, auch oft blau geworden, weil das Gelb in den Fäden das Licht nicht mehr ausgehalten hat.

Gemälde können sich dadurch verfärben, dass die Firnisschicht, die die Farbe schützen soll, dunkler wird. Restauratoren nehmen diese Schicht dann vorsichtig herunter und geben neuen, klaren Firnis auf die jahrhundertealten Gemälde, sodass sie wieder frisch aussehen.

Das ist ein Stückchen von einem Gemälde. Die rechte Hälfte wurde sauber gemacht.

Restauratoren machen nicht nur sauber, sondern können Kunstwerke und Antiquitäten auch reparieren.

Kahle Stellen auf einem Gemälde retuschieren sie zum Beispiel mit kleinen Pinselstrichen. So geben sie einem Kunstwerk seine alte Pracht zurück, ohne sich selbst als Maler aufzuspielen. Von Weitem sieht man solche Reparaturen gar nicht, aber aus der Nähe schon.

Besonders deutlich werden sie unter UV-Licht. Die ausgebesserten Stellen erscheinen dann dunkler.

Ausschnitt aus einer
Grau-in-grau-Malerei
bei Tageslicht.

Derselbe Ausschnitt
unter UV-Licht.

Im zwanzigsten Jahrhundert gab es Künstler, die riesengroße Bilder malten, auf denen nur Farbe war. Tiefgrün zum Beispiel, nichts als tiefstes Tiefgrün. Am liebsten wäre es ihnen gewesen, wenn so ein Bild überhaupt keine Ränder gehabt hätte, damit man beim Betrachten ganz in die Farbe hineintauchen kann und die Farbe über und unter und hinter und vor einem ist.

Nur darf sich diese Farbe nicht verändern, denn dann ist das Kunstwerk nicht mehr das, was es einmal war.

44

Dieses Wandbild sah anfangs so aus:

Und fünfundzwanzig Jahre später so:

Und das war nicht beabsichtigt.

6 Von neuen alten Sanduhren und anderen Symbolen, die mehr besagen, als man sieht

Ein Verkehrsschild mit rotem Rand soll vor etwas warnen. Dass man in eine Straße nicht hineinfahren darf oder dass eine scharfe Kurve kommt. Die Farbe Rot wird als Zeichen für Gefahr benutzt, und man hat sich darauf geeinigt, dass solche Verkehrsschilder nicht einfach mal zur Abwechslung einen grünen Rand bekommen dürfen.

Man hat sich auch darauf geeinigt, dass vor einer roten Ampel gehalten werden muss. Und weil das rote Licht immer oben ist, fahren auch Menschen, die farbenblind sind, nicht aus Versehen weiter.

Gleichzeitig ist Rot die Farbe der Liebe. Liebesherzen sind rot und nicht dunkelbraun. Vor vielen hundert Jahren war auch Grün die Farbe der Liebe, vor allem der frisch erblühten Liebe.

In manchen Ländern ist Weiß ein Zeichen der Trauer. In anderen Ländern nicht, ganz im Gegenteil, dort sind es Schwarz oder Violett.

Farben und Formen können mehr besagen als man sieht, wenn sie eine symbolische Bedeutung haben.

Das Wort **Symbol** kommt von einem altgriechischen Wort, das »zusammenbringen« bedeutet. Vor mehr als zweitausend Jahren bewahrten zwei Menschen zum Zeichen, dass sie etwas miteinander abgemacht hatten, jeder die Hälfte von einem Gegenstand oder von einer großen Scherbe auf. Die würden sie später wieder zusammenfügen können — falls sie heil blieben. So wurden sie zum Beweis für die Abmachung.

Ein Symbol braucht nicht genau das zu bedeuten, wonach es aussieht. Wenn auf einem
Gelände ein Warnschild steht, auf dem ein
Totenkopf und zwei Knochen zu sehen sind,
liegen auf dem Gelände nicht etwa Skelette,
sondern giftige Stoffe.

Das ist ein hinduistischer Tempel in Asien. Das Zeichen darauf nennt
man Swastika. Das ist ein Wort aus dem Sanskrit, einer alten indischen
Sprache. Es bedeutet »Glücksbringer« und ist schon seit fünftausend
Jahren ein Symbol des Glücks und des Lebens.

Die Nazis, die im vorigen Jahrhundert unter Hitler einen schrecklichen
Krieg anfingen, haben dieses Glückszeichen geklaut, ein bisschen verändert
und für ihre eigenen Zwecke benutzt.
    Jetzt denken viele Menschen, wenn sie so ein Hakenkreuz sehen, nur
noch an Hass, Leid und Tod.

Es gibt Firmen, die weltweit Kleidung oder Schuhe oder Getränke verkaufen. Überall erkennen Menschen das **Logo**, das zu deren Marke gehört. Einen Blitzstrahl oder zwei Rücken an Rücken sitzende Figuren oder den Namen der Firma in einem besonderen Schriftzug.

Werbung zu machen ist sehr teuer, und da ist es ziemlich schlau, dass die Firmen ihr Logo auf T-Shirts und Schuhe drucken und den Käufern weismachen, dass man sich sogar etwas darauf einbilden kann, wenn man dieses Logo trägt.

Wer so ein T-Shirt oder solche Schuhe anhat, macht also eigentlich kostenlose Werbung für die Firma, muss aber selber für die Kleidung und die Schuhe viel Geld bezahlen.

In einem berühmten Buch aus dem Jahre 1493 sind einige Städte abgebildet.

Ansicht von Damaskus   Ansicht von Mailand

Abgebildet sind aber weder Damaskus noch Mailand. Denn beide Bilder sind genau gleich, während Mailand und Damaskus auch damals schon sehr verschieden waren.

Die Bilder zeigen nicht, **wie** diese Städte damals aussahen.

Die Bilder zeigen nur, **dass** sie Städte waren.

In Belgien stehen diese Schilder am Eingang einer Gemeinde oder einer Stadt.

Lobbes ist eine kleine Gemeinde und Antwerpen ist eine große Stadt, aber auf diesen Schildern sehen sie gleich aus.

Auch hier sind sie nicht so abgebildet, wie sie aussehen. Das Schild besagt nur: Du fährst jetzt in eine Ortschaft.

Auf einem Computerbildschirm erscheint oft eine kleine Sanduhr. Das ist ein Symbol, das besagt: Bitte warten.

Früher benutzte man, wenn man die Zeit messen wollte, eine richtige Sanduhr. Oben drin war der Sand, der langsam nach unten durchlief. Bei manchen Sanduhren dauerte das Stunden, bei anderen nur fünfzehn Sekunden.

Die Sanduhr ist seit Jahrhunderten ein Symbol für die Zeit. Nicht für das bisschen Wartezeit, bis der Computer seine Arbeit getan hat, sondern für die Zeit, die wir hier auf der Erde leben. Die Sanduhr erinnerte die Menschen daran, dass das Leben schnell vergeht. Manchmal meißelte ein Bildhauer Flügel an seine Darstellung einer Sanduhr. Da war dann gleich klar, dass die Zeit fliegt.

Hier hält ein Skelett eine Sanduhr hoch. Es ist der Tod selbst, der uns damit sagen will: Vergiss nicht, dass wir alle einmal sterben werden.

In vielen alten Gemälden und anderen Kunstwerken sind Symbole versteckt. Wir erkennen sie oft nicht, weil wir sie vergessen haben oder weil sie zu einer anderen Kultur gehören. Dann sieht man weniger, als eigentlich zu sehen ist.

Hier symbolisiert nicht nur der Totenschädel den Tod, sondern auch die Blumen, die schnell verwelken können, und der Vogel, der genauso plötzlich eine Beere vom Zweig picken kann, wie der Tod manchmal einen Menschen aus dem Leben reißt. Und sogar die Perlenkette hat etwas damit zu tun, denn was hat man noch von Perlen, wenn man nicht mehr lebt?

Das heißt natürlich nicht, dass alle Bilder, auf denen Vögel abgebildet sind, vom Tod sprechen. Oft sind Vögel nur deswegen abgebildet, weil der Künstler gerne einen Vogel abbilden wollte. Das geht genauso gut.

In öffentlichen Toiletten sieht man solche **Piktogramme**. Das Wort kommt aus dem Lateinischen und bedeutet **gemalte Schrift**. Wo Menschen die unterschiedlichsten Sprachen sprechen, wie zum Beispiel auf Flughäfen, ist es praktisch, eine gemeinsame Bildsprache benutzen zu können.

Das Piktogramm zeigt nicht, wie verschieden Männer und Frauen in Wirklichkeit sind, sondern soll im Gegenteil für alle Männer und Frauen stehen.

Die Frau auf dem Piktogramm hat ein Kleid an, obwohl viele Frauen Hosen tragen. Und es gibt Teile der Welt, wo Millionen von Männern sich ein Tuch um die Hüften schlingen, das wie ein langer Rock aussieht. Solche Unterschiede sieht man auf so einem Zeichen nicht.

Oft machen Menschen in Gedanken eine Art Piktogramm aus anderen Menschen. Dann werfen sie zum Beispiel alle Frauen oder alle Ausländer oder alle Jugendlichen in einen Topf, weil sie meinen, die sind alle soundso. So etwas nennt man **Stereotyp**, was wörtlich, im Altgriechischen, **fester Abdruck** heißt. In manchen Zeichentrickfilmen aus den USA sieht der Bösewicht wie das Stereotyp eines Arabers aus, und der Gute ist hellblond und westlich gekleidet. So etwas fällt einem oft erst auf, wenn man selbst damit zu tun bekommt und denkt: Ich bin doch nicht soundso, weil ich zu den Soundsos gehöre oder aus da und da komme, oder?

7 Wie das Licht von allen Seiten kommen und alles auf den Kopf stellen kann

Was gestern noch neu war, ist morgen schon ganz normal. Mit acht Jahren habe ich zum ersten Mal ferngesehen. Eine Nachbarin zwei Häuser weiter hatte als Einzige einen Fernseher. Und da hockten wir am helllichten Tag bei geschlossenen Vorhängen.

Meine Großmutter sah als Kind das erste Auto durch ihr Dorf fahren. Vierzig Stundenkilometer waren damals unheimlich schnell.

Und jahrhundertelang konnte man Musik nur dann hören, wenn tatsächlich Musiker auftraten. Dass man sich Musik auf ein winziges Gerät speichern könnte, war undenkbar. Es war auch undenkbar, dass in einer Werkstatt den ganzen Tag Lieder in einer Fremdsprache dudeln würden, in denen von der Liebe gesungen wird, die kommt und geht. Früher kannte man zwar auch viele Liebeslieder, aber da sang man sie noch selbst.

Als man noch nicht mit Elektrizität arbeiten konnte, gab es im Theater noch nicht dieses spannende Licht, wie es heute mit Scheinwerfern erzeugt werden kann, die vor, über, neben und hinter der Bühne angebracht werden.

Heute sind jeden Tag so viele Bilder um uns herum und in den Bildern bewegt sich so viel, dass wir ein vierhundert Jahre altes Gemälde ganz anders betrachten als die Menschen früher.

Wir können Abbildungen beliebig oft ausdrucken, auf den Computerbildschirm laden oder in Büchern anschauen.

Dadurch sind sie viel normaler geworden.

Zu Beginn des siebzehnten Jahrhunderts gab es einen Raufbold, Mörder und Kunstmaler namens Caravaggio. In seinen Gemälden versuchte er mit Farbe Licht zu malen. Das könnte man mit dem vergleichen, was heute Beleuchter im Theater tun. Genau so, wie sie heute Scheinwerfer anbringen, um bestimmen zu können, was beleuchtet werden soll und wie stark, hat sich Caravaggio bei seinen Gemälden überlegt, auf was er Licht fallen lassen wollte. Wenn man malt, braucht man die Wirklichkeit ja nicht genau so abzubilden, wie sie ist.

Hier stellt der Mann in der Mitte Jesus dar. Er ist daher am meisten ins Licht gerückt. Dadurch, dass der Hintergrund dunkel und schattig ist, wirken die hellen Farben umso heller.

Andere Maler sahen, was Caravaggio machte, und wurden davon beeinflusst. Rembrandt van Rijn, der dreiunddreißig Jahre jünger war, wollte auch gern mit Licht und Dunkelheit zaubern, aber auf seine Weise. So ist das oft bei Künstlern. Sie fangen nicht bei null an, sondern lernen aus dem, was vor ihnen gemacht wurde, und finden so zu ihrem eigenen Stil. Und daraus lernen wieder andere, die nach ihnen kommen, auch wenn sie dann was ganz anderes machen.

Rembrandts berühmtestes Gemälde wird **Die Nachtwache** genannt, aber so heißt es eigentlich gar nicht. Auf den Namen ist man gekommen, als das Gemälde schon nachgedunkelt war. Tatsächlich läuft das Mädchen auf dem Bild nicht mitten in der Nacht auf der Straße herum.

Auf dem Bild ist es Tag. Aber Rembrandt hat kein volles Tageslicht gemalt, sondern die Figuren ins Licht gerückt, wie es ihm passte. Das machte das Bild lebendiger als andere Gruppenporträts aus jener Zeit, auf denen alle gleich viel Licht abbekamen. Einige Männer, die dafür bezahlt hatten, auf dem Gemälde abgebildet zu werden, waren beleidigt, dass sie darauf halb im Dunkeln stehen müssen und das kleine Mädchen im Licht.

Das ist nicht die ganze Nachtwache, aber auch die ganze Nachtwache ist nicht die ganze Nachtwache, weil man etwas vom ursprünglichen Gemälde abgeschnitten hat, als Rembrandt schon zu tot war, um etwas dagegen sagen zu können.

Zu Rembrandts Zeit gab es noch keine Fotoapparate, mit denen man Gruppenporträts hätte machen können. Die wurden erst im neunzehnten Jahrhundert erfunden. Aber mehr als zweitausend Jahre zuvor schrieb man in China und Griechenland schon darüber, was Licht kann. Dass es, durch eine kleine Öffnung geführt, Bilder von der Wirklichkeit projizieren kann, die dann auf dem Kopf stehen.

Genau das passiert in unserem Auge, nur drehen wir das Bild mithilfe unseres Gehirns wieder richtig herum.

Später nannte man einen dunklen Kasten mit einem kleinen Loch in einer Wand **Camera obscura**. Das heißt **dunkle Kammer** und war der Vorläufer des Fotoapparats.

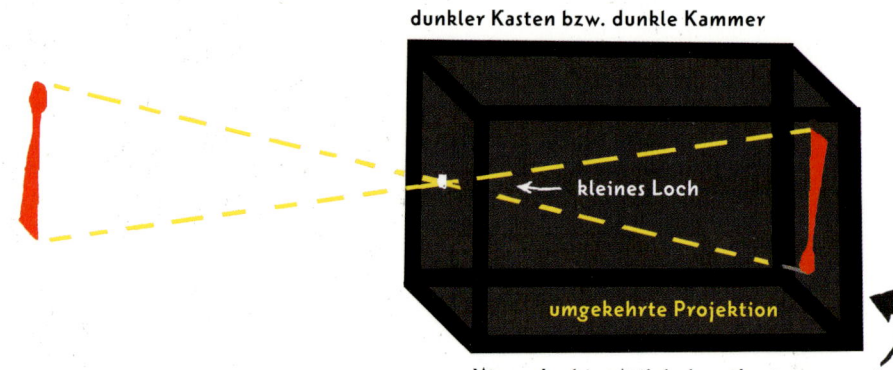

dunkler Kasten bzw. dunkle Kammer

kleines Loch

umgekehrte Projektion

Wenn das hier Milchglas oder transparentes Papier ist, sieht man auch außen etwas.

Diesen Kasten kannst du übrigens sowohl von vorn als auch von hinten, oben und unten sehen.

Um das Jahr tausend beschrieb der arabische Gelehrte Alhazen (der eigentlich Ali al-Hasan ibn al-Haytham hieß), wie man schärfere projizierte Bilder erhalten könnte. Heute geht das Scharfstellen beim Fotoapparat automatisch, wenn man will.

Ab dem fünfzehnten Jahrhundert war die Camera obscura ein Hilfsmittel für Zeichner und Maler. Sie konnten damit Gegenstände oder die Umgebung projizieren und durchpausen.

Hier ist ein Mann zu sehen, wie er vor gut dreihundert Jahren eine Landschaft zeichnet. Er schaut nicht auf die Landschaft selbst, sondern steckt mit dem Kopf in einer tragbaren Camera obscura und paust das auf dem Kopf stehende Bild von der Landschaft ab.

Das ist fast so wie heute: Die Leute starren oft nur noch auf das Display ihrer digitalen Kamera, wo sie die Umgebung sehen, in der sie ja tatsächlich sind, oder auf das Bild, das sie gerade von der Umgebung gemacht haben, in der sie immer noch tatsächlich sind.

Licht kann von mehreren Seiten gleichzeitig kommen. Oder nur von einer Seite. Von vorn. Oder von oben.

Oder von unten.
Wenn das Licht
von unten
kommt, wirkt es
unheimlich. Das
scheint die Angst
der Menschen
auf dieser
Zeichnung noch
zu verstärken.

Es kann auch von hinten kommen. Das nennt man Gegenlicht.

Oder von einer Lampe oder einer Kerze, die zwischen den
Abgebildeten steht.

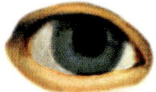 

Licht spiegelt sich in allem, was glänzt. In Schmuck. Oder in
Augen. Ein Tüpfelchen oder ein kleiner Strich Weiß genügt, um
ein Auge feucht aussehen zu lassen.

Tageslicht ist nicht gleich Tageslicht. Es ist nicht zu jeder Tageszeit oder Jah-
reszeit dasselbe und auch nicht an jedem Ort der Welt. In Australien zum
Beispiel ist das Tageslicht meistens weißer als in den Niederlanden und Belgien, wo es manchmal so aussieht, als sei es nur halb an.

Im neunzehnten Jahrhundert arbeiteten in Australien Künstler, die aus
Europa kamen und die australischen Landschaften so malten, wie sie es von
Europa her gewohnt waren.

Es dauerte eine ganze Weile, bis sie mit den Millionen von Stäbchen und Zapfen in ihren Augen sahen ...

... dass das Licht dort anders ist.

8 Vom Trick mit der Perspektive oder wie wir in Nahem Ferne sehen können

Wenn du mit Seife die Umrisse deines Kopfes auf dem Spiegel nachziehst, sind sie dort viel kleiner, als es dein Kopf in Wirklichkeit ist.

Aber man denkt beim Blick in den Spiegel nicht: Wie klein mein Kopf aussieht! Man hat das Gefühl, dass das Spiegelbild genauso groß ist wie der wirkliche Kopf, nur etwas weiter weg.

Draußen auf der Straße denkt man auch nicht: Wie klein die Häuser da am Ende der Straße sind! Wenn man sie zwischen Daumen und Zeigefinger misst, scheinen sie sehr klein zu sein, aber man sieht sie, ohne an ihrer wirklichen Größe zu zweifeln.

Hier habe ich Linien entlang den Seiten von zwei Gebäuden gezogen. Sie treffen sich in einem Punkt. Das ist der **Fluchtpunkt**. Dieser Punkt gibt an, auf welcher Höhe sich das Objektiv des Fotoapparats befand, als das Bild aufgenommen wurde.

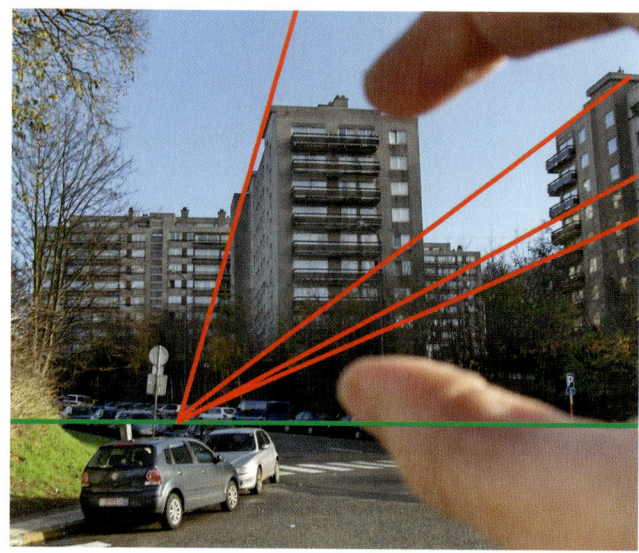

Schon seit mehr als zweitausend Jahren haben sich Menschen gefragt, ob man den Größenunterschied zwischen dem, was nah ist, und dem, was weiter entfernt ist, ausrechnen und zeichnen kann. Seit dem fünfzehnten Jahrhundert haben europäische Künstler dann die Regeln der **Perspektive** angewandt.

So zeichnest du einen Kasten in der Perspektive mit einem Fluchtpunkt:

1. Das Viereck könnte die Vorderseite eines Kastens sein. Die waagerechte Linie heißt Horizontlinie. Auf dieser Linie liegt der Fluchtpunkt. Ziehst du die Horizontlinie über dem Kasten, dann schaut man von oben darauf. Ziehst du die Horizontlinie tief unter dem Kasten, schaut man von unten darauf.

2. Du bestimmst den Ort des Fluchtpunkts auf der Horizontlinie. Du zeichnest die Hilfslinien von den Ecken des Vierecks zum Fluchtpunkt.

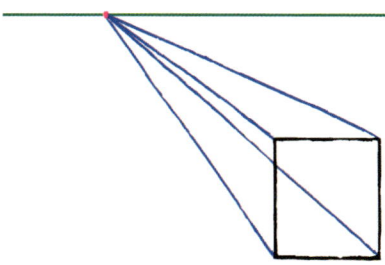

3. Jetzt kannst du dem Kasten Seiten geben und eine Rückseite zeichnen.

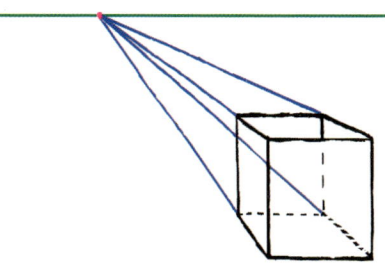

4. Zeichnest du näher zum Fluchtpunkt hin noch einen zweiten Kasten, dann ist der kleiner und weiter weg.

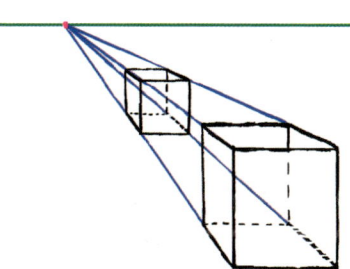

5. Hier die Kästen ohne Hilfslinien.

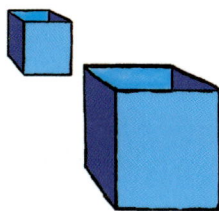

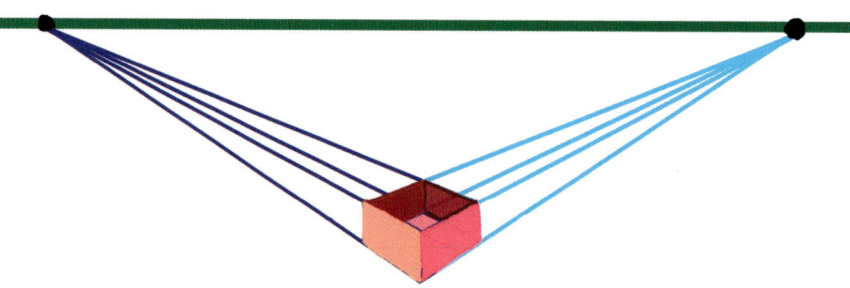

Man kann auch mit zwei Fluchtpunkten, die beide auf derselben Horizontlinie liegen, perspektivisch zeichnen. Alle Seiten dieses Kastens sind schräg.
Aber die senkrechten Linien bleiben senkrecht.

Wenn du dieses Buch hier auf den Kopf drehst, siehst du eine
Horizontlinie, die unter dem Kasten verläuft. Der Kasten hängt dann
kopfüber in der Luft.

Möglich sind auch Fluchtpunkte, die auf einer senkrechten Linie liegen.
Wenn man zu einem hohen Turm hinaufschaut, scheint der nach oben hin
schmaler zu werden. Und von einem hohen Turm aus sehen Häuser nach
unten hin schmaler aus. Man kann sich Hilfslinien dazu denken, die sich
irgendwo in der Luft oder im Boden treffen.
Es scheint so, als würde man mithilfe der Perspektive genau das zeichnen oder malen, was man sieht. Aber das stimmt nicht.

Wenn wir in einer Landschaft
stehen, die wir malen wollen,
können wir den Kopf nicht ganz
still halten. Wir müssen ihn
nach links und rechts drehen,
denn sonst sehen wir nur das,
was direkt vor uns ist.

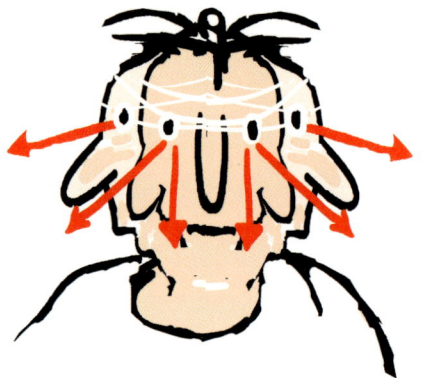

Wenn wir mithilfe der Perspektive zeichnen, tun wir so, als bräuchten wir den Kopf nicht zu drehen. Als wären wir eine Art Fotoapparat. Fotoapparate bewegen sich nicht, wenn wir ein Foto machen {außer wenn wir uns bewegen}.

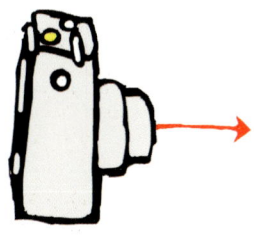

Obwohl Künstler vor Jahrhunderten noch nicht wissen konnten, was ein Fotoapparat ist, dachten sie sich Hilfsmittel aus, die ihnen halfen, ihr Auge auf ein und dieselbe Stelle zu richten, wie den Apparat, durch den dieser

Zeichner schaut. Zwischen ihm und dem Mann im Sessel steht eine Glasplatte. Auf diese zeichnet der Maler seine Skizze von dem Mann auf der anderen Seite. Die Glasplatte steht genauso zwischen ihnen wie dein mit Seife gezeichneter Kopf zwischen dir und deinem Spiegelbild.

Weil die Perspektive eine Art Trick ist, braucht das, was man damit zeichnet, nicht so auszusehen wie die Wirklichkeit. Hier habe ich die Perspektive mit einem Fluchtpunkt ganz vorschriftsmäßig angewandt, und trotzdem stimmt hier vieles nicht.

1643 machte Pieter Saenredam diese Skizze für ein Gemälde.
Man kann die Hilfslinien sehen. Er hat einen Fluchtpunkt benutzt.

Das ist ein Foto von indischen Straßenkindern. Die Horizontlinie ist
hoch oben. Man nennt das Vogelperspektive. Wir sehen die Kinder
als eine Gruppe, unter uns, entfernt. Einer der Jungen schaut deutlich
zu uns auf. Das rückt das, was wir sehen, wieder etwas näher heran.

Diese Jungen sind von
unten fotografiert
worden und sehen
aus wie Riesen. Sie
scheinen größer zu
sein als die Häuser.
Der Fluchtpunkt
liegt auf einer sehr
tiefen Horizontlinie.
Das nennt man
Froschperspektive.
Die Fotografin hat
ihren Fotoapparat
nah am Boden ge-
halten.

Es gibt noch weitere Möglichkeiten, den Eindruck von räumlicher Tiefe zu erzeugen. Zum Beispiel eine Perspektive, bei der die Linien nicht auf Fluchtpunkte zulaufen, sondern den gleichen Abstand von einander behalten. Solche Linien sind eigentlich endlos, denn sie treffen sich nie in einem Fluchtpunkt.

Diese Art der Perspektive wurde oft in der chinesischen und japanischen Kunst benutzt. Man benötigte dafür keine Apparate, die die Augen des Zeichners an derselben Stelle hielten, denn seine Augen brauchten nicht an derselben Stelle zu bleiben. Sie waren aber meistens ein gutes Stück über dem Boden, denn auf vielen solcher Bilder kann man scheinbar weit sehen (und durch die endlose Perspektive in Gedanken noch weiter).

Eine andere Möglichkeit, die Ferne weit weg aussehen zu lassen, ist die **Luftperspektive**. Wenn die Luft draußen feucht ist, wird alles, was weiter weg ist, unschärfer und bläulicher oder gräulicher. Das kann man ausnutzen, wie hier auf diesem chinesischen Druck.

So können wir auf einem nahen Blatt Papier oder einer nahen Leinwand Ferne sehen. Wir haben uns heute daran gewöhnt, aber als es noch keine Fotos und Filme gab, muss es für die Menschen etwas ganz Besonderes gewesen sein, als sie zum ersten Mal perspektivische Bilder sahen.

Man kann
natürlich auch
sagen: Wieso
soll ich, wenn
ich auf etwas
Flachem zeichne,
so tun, als wäre
räumliche Tiefe
darin? Ich
brauche keine
Perspektive und
keine Tiefe.

Das brauchten
die Ägypter
vor viertausend
Jahren auch
nicht.

Und auch die Mexikaner (die damals noch nicht Mexikaner hießen)
vor sechshundert Jahren nicht.

Nein, es muss nicht unbedingt sein.
Aber es ist möglich.

9 **Was Perspektive und Format mit Kaisern und Sklaven zu tun haben**

Ein Blick aus der Froschperspektive bewirkt, dass man sich kleiner vorkommt als das, was man sieht. Man schaut nach oben. Wenn man aus dieser Perspektive einen Riesen zeichnet, sieht er auch gleich wie ein Riese aus, obwohl er nicht größer ist als das Blatt Papier, auf das man ihn gezeichnet hat.

Kaiser, Könige und Generäle werden mit ihrem Pferd auf einen Sockel gestellt. Wenn man sie sehen will, muss man zu ihnen aufschauen.

Dieses Denkmal ragt nicht auf, sondern steht in einer Grube. Es soll an einen Sklavenmarkt erinnern, auf dem Afrikaner wie Gegenstände verkauft wurden, um anderswo auf der Welt unter Zwang zu arbeiten. Es lässt uns ihre Erniedrigung spüren. Auch wenn wir nicht wollen, stehen wir über ihnen.

Aber sie schauen nicht zu uns auf. Sie starren auf etwas, was uns verborgen bleibt.

Auf der Insel Bonaire kann man noch alte Sklavenhütten sehen. Sie waren so niedrig, dass die Sklaven nur gebückt hineingehen konnten.

Dieses Gerichtsgebäude dagegen ist im Riesenformat gebaut worden. Die Eingangstür ist so groß, dass mehrere Elefanten aufeinander hindurchgehen könnten. Das kann Menschen, die vor Gericht erscheinen müssen, das Gefühl geben, ganz klein und machtlos zu sein.

In Fernsehshows kommt die Moderatorin manchmal eine breite Treppe herunter. Sie darf dabei nicht über ihr langes Kleid stolpern, denn alle Blicke sind auf sie gerichtet. Einfacher wäre es, von der Seite her auf die Bühne zu treten, aber wenn sie die Treppe nimmt, tut sie so, als wäre sie eine hohe Persönlichkeit, die von oben zu den normalen Menschen hinuntersteigt.

Wer bei einem Wettkampf die Goldmedaille gewinnt, darf aufs Siegerpodest. Dort darf er höher stehen als die anderen. Wer Silber oder Bronze gewinnt, darf auch erhöht stehen, aber immer ein bisschen tiefer als der Gewinner der Goldmedaille.
Der Sieger darf nicht nur höher stehen, sondern auch in der Mitte. Die Mitte gilt als wichtigster Platz.

Auf diesem Gemälde aus dem Jahre 1806 ist der Diktator und Eroberer Napoleon abgebildet. Er sitzt in der Mitte des Bildes, auf einem erhöhten Thron. Er trägt Zeichen seiner Macht, wie die Kette auf seiner Brust und den Lorbeerkranz auf seinem Kopf. Auch die beiden Stöcke rechts und links sind Symbole der Macht und keine Skistöcke.

Wenn du übrigens den perspektivischen Linien auf dem Bild folgst, siehst du, wo sie sich zwischen seinen Beinen treffen.

Leonardo da Vinci war Künstler und Musiker, brachte sich aber auch Physik bei und entwarf vierhundert Jahre, bevor solche Erfindungen Wirklichkeit wurden, ein Fahrrad und ein Flugzeug.
Ende des fünfzehnten Jahrhunderts malte er auf die Wand eines Speisesaals **Das Abendmahl**. Das Bild stellt eine Geschichte aus der Bibel dar. Jesus isst ein letztes Mal mit seinen Jüngern, bevor er ans Kreuz genagelt wird. Er sagt, dass einer von ihnen ihn verraten wird.

Die Jünger sind nur von vorn oder von der Seite zu sehen. Und man hat den Eindruck, als sei noch Platz, sodass man sich dazusetzen könnte.

Wenn man die Perspektivlinien über die braunen Flächen auf der Seite zieht oder über die Balken an der Decke, sieht man, dass sie sich alle vor dem Gesicht von Jesus treffen. Hinter seinem Kopf verläuft die Horizontlinie.

Leonardo hat Jesus zum Mittelpunkt des Wandgemäldes gemacht, indem er ihn in die Mitte setzte und alle Perspektivlinien zu seinem Gesicht hin verlaufen ließ.

Judas, der Mann, der Jesus verraten wird, ist im Vergleich zu den anderen in den Hintergrund und in den Schatten gerückt.

Auf vielen Weltkarten, die in Europa gezeichnet wurden, liegt Europa in der Mitte. Das ist Ausdruck dafür, dass die Macher ihren eigenen Lebensraum für am wichtigsten hielten.

Um Weltkarten auf Papier drucken zu können, muss man aus der Erdkugel, auf der wir leben, etwas Flaches machen, als schäle man sie. Weil diese

Schale aber keine Mitte hat, muss man sich entscheiden, was in der Mitte liegen soll und was links und rechts am Rand. Dafür gibt es verschiedene Möglichkeiten. Aber nie wird die Welt dann so aussehen, wie sie eigentlich ist.

Das ist ein
Satellitenfoto von
der Antarktis
mit dem Südpol.

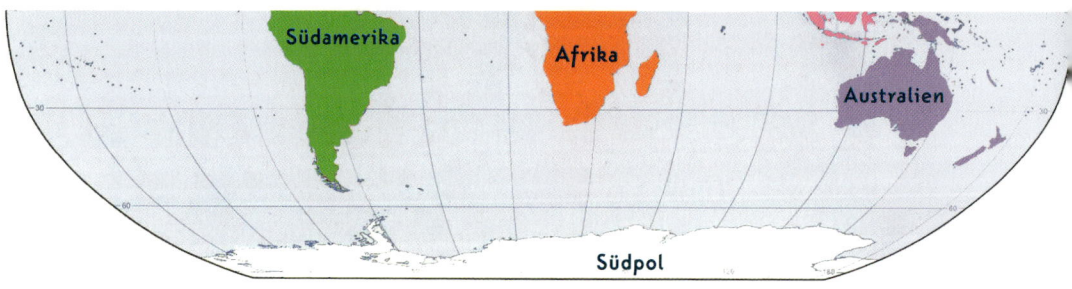

Und das ist eine Karte von der Südhalbkugel der Erde. Die Antarktis ist darauf in die Breite gezogen. Die untere Linie auf der Karte ist auf dem Foto die Mitte. Und wo auf der Karte die Küste an den Rändern aufhört, geht auf dem Foto die Küste einfach weiter.

Auf Weltkarten mit Europa in der Mitte ist Alaska ganz links und
Sibirien ganz rechts. Sie liegen am weitesten auseinander.

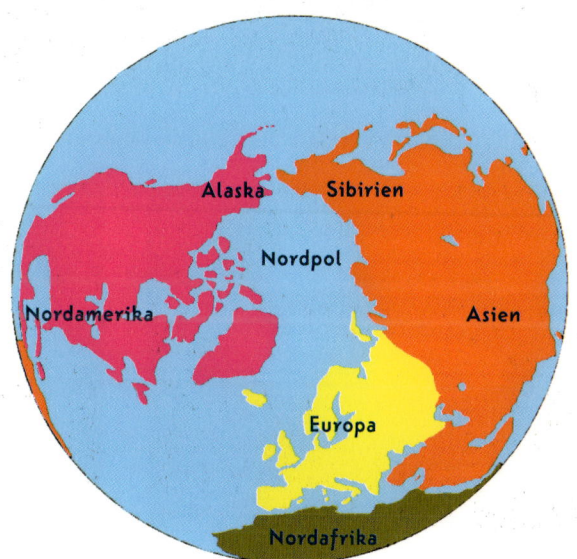

Aber auf einer Karte mit einer anderen Mitte sieht man, dass Alaska und
Sibirien eigentlich ganz nah beieinander liegen. Nur das Wasser der Bering-
straße strömt zwischen ihnen hindurch.

So kann die Mitte zum Rand werden und der Rand zur Mitte.

10 Wie alles auf einem Blatt oder in einer Stadt stehen kann und wie man den Goldenen Schnitt findet

Wenn wir etwas malen oder fotografieren
oder eine Torte verzieren wollen, müssen
wir uns überlegen, wie wir das angehen.
Soll es ruhig werden oder lebhaft, schief
oder gerade, soll das Wichtigste genau in
die Mitte oder nicht ...

Das alles hat etwas mit der
sogenannten **Komposition**, also der
Zusammenstellung zu tun.

Vor fast zweihundert Jahren malte
Francisco de Goya einen Hund, der im
Treibsand versinkt.

Er hat keinen Baum dazugezeichnet
und keine geschlängelte Linie als
Horizont. Nicht, weil das Bild dann
schneller fertig war, sondern weil der
Hund so ohne alles noch einsamer
wirkt als mit Baum und Horizont. Und
weil er nicht in der Mitte vom Bild
ist, sondern am unteren Rand, scheint
er noch tiefer einzusinken.

Hier hat man aus demselben Bild eine andere Komposition gemacht. Man hat es beschriftet, sodass die große Leere über dem Hund weg ist, und den Hund in die Mitte gerückt. Er ziert jetzt eine Dose mit dunkelbraunen Bonbons.

Jeden Tag sehen und hören wir Werbung. Sie dient dazu, etwas zu verkaufen. Das hier ist zum Beispiel Werbung für Uhren und für Parfüm. Die Parfümfläschchen sind unten abgebildet, haben also in der Komposition einen unwichtigen Platz bekommen, obwohl es ja eigentlich um sie geht, denn sie sollen verkauft werden. Die Uhren sind auch nicht besonders auffällig abgebildet. Und sie zeigen nicht dieselbe Zeit an, was schon wichtig sein könnte, wenn man Uhren verkaufen will. Aber darauf hat man offensichtlich nicht geachtet.

Die beiden Werbungen sind sich sehr ähnlich. Was man vor allem sieht, sind schöne Menschen, die verliebt tun. Ihre Gesichter füllen die obere Hälfte der Bilder aus und sind groß und auffällig abgebildet.

Uhren und Parfüms sind Dinge, die man kaufen kann, wenn man Geld dafür hat. Für diese Dinge wird vor allem mit etwas geworben, was man nicht kaufen, aber sich wünschen kann. Der Traum ist oben abgebildet, und die Parfümfläschchen und Uhren, die man mit so einem Traum verbinden soll, unten. So ist das oft in der Werbung.

Jede bedruckte Seite ist eine Komposition. In diesem Buch steht jedes Bild so zwischen dem Text, dass man alles in einer Richtung von oben nach unten lesen kann und nicht zu suchen braucht, welches Bild zu welchem Text gehört.

Es war einmal ein Mädchen

Auch jede Zeichnung ist eine Komposition. Und man kann zu ein und derselben Geschichte ganz unterschiedliche Illustrationen machen.

Hier ist das Mädchen Alice aus der Geschichte **Alice im Wunderland** plötzlich so sehr gewachsen, dass es nicht mehr ins Zimmer passt. Auf dieser Zeichnung ist gut zu sehen, wie eng es dort ist. Alice füllt nicht nur das Zimmer, sondern auch die Zeichnung aus.

Hier sieht es nicht ganz so schlimm aus. Alice scheint eher Probleme damit zu haben, dass ihr einer Fuß eingeklemmt ist.

Wer ein Zimmer einrichtet, klatscht seine Möbel meistens nicht einfach irgendwohin. Er sucht nach einer guten Komposition.

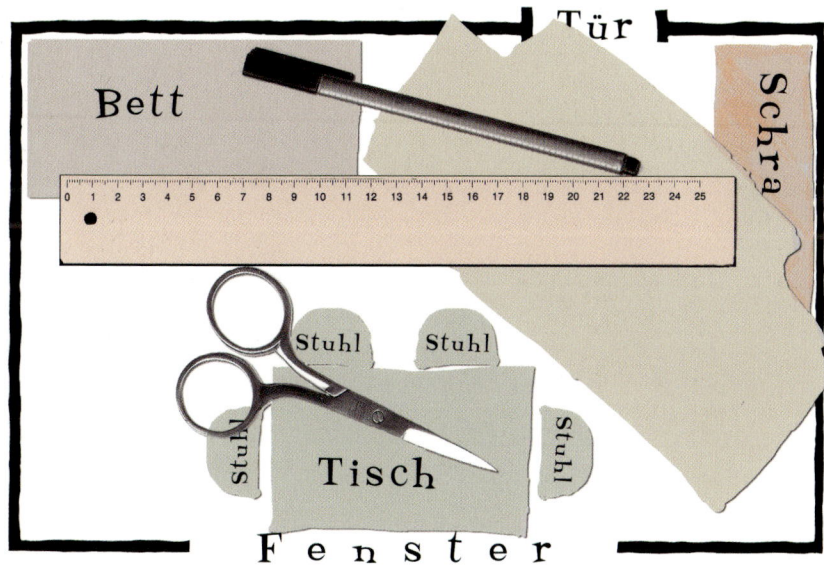

Da ist es praktisch, einen Plan zu machen. Man schneidet Zettel aus, die die Möbel darstellen. Nicht in irgendeiner Größe, sondern im

Verhältnis zur Wirklichkeit. Dafür teilt man die Maße der wirklichen Möbel und des wirklichen Fußbodens durch dieselbe Zahl, zum Beispiel durch zwanzig. So kann man alles Mögliche ausprobieren, ohne etwas herumschleppen oder sich an die Decke hängen zu müssen, um einen Überblick zu gewinnen.

Den Raum einer Stadt einzurichten ist schwieriger. Häuser kann man nicht verschieben wie Möbel. Und was schon dasteht, steht manchmal schon Jahrhunderte da.

Immer wieder verändert sich irgendwo etwas. Häuser werden abgerissen oder dazugebaut, man legt Parks an, man verbreitert Straßen. Eine Stadt ist nie fertig.

Das ist ein altes Foto von einem Gelände mit einer Kaserne darauf. Auf dem Grundriss sieht man, wie es entworfen wurde: zwei gleich große Hälften, die sich wie Bild und Spiegelbild zueinander verhalten.

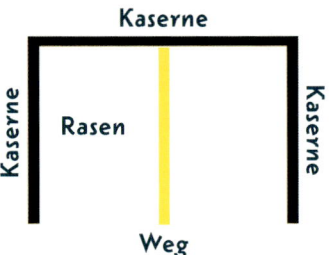

Und das ist ein Grundriss von demselben Gelände, wie es heute aussieht. Man hat Häuser dazugebaut und es gibt mehrere Eingänge.

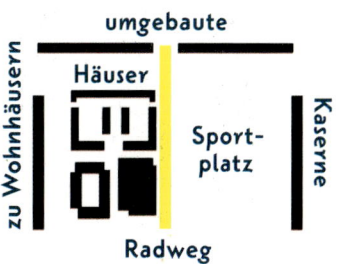

Es gibt keine spiegelgleichen Hälften mehr.

Die vor Jahrtausenden gebauten griechischen Tempel sind gut durchdacht entworfen worden. Wer aufmerksam schaut, erkennt ein schönes Verhältnis, einen ausgewogenen Größenunterschied zwischen den einzelnen Teilen. Man nennt dieses Verhältnis **Goldener Schnitt**.

So findest du den Goldenen Schnitt:

1. Zeichne mit einem Lineal ein Quadrat.

2. Suche die Mitte **dieser Linie** und setze die Metallspitze des Zirkels dort an.

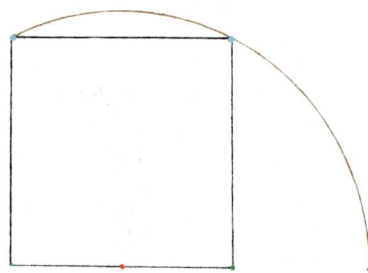

3. Setze die Bleistiftmine des Zirkels auf einen **dieser** Eckpunkte.

4. Ziehe mit dem Zirkel einen **Viertelkreis**.

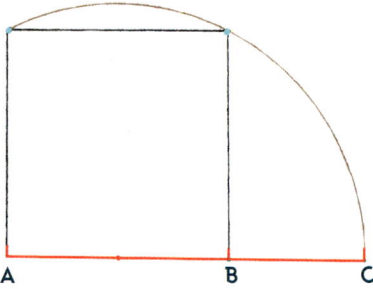

5. Verlängere die untere Linie bis zur Kreislinie.

6. Jetzt hast du den **Goldenen Schnitt** gefunden.

Der Größenunterschied zwischen der Linie AB und der Linie BC ist derselbe wie der zwischen der Linie AC und der Linie AB.

Der Goldene Schnitt findet sich nicht nur in Gebäuden oder in der Kunst, sondern zum Beispiel auch in

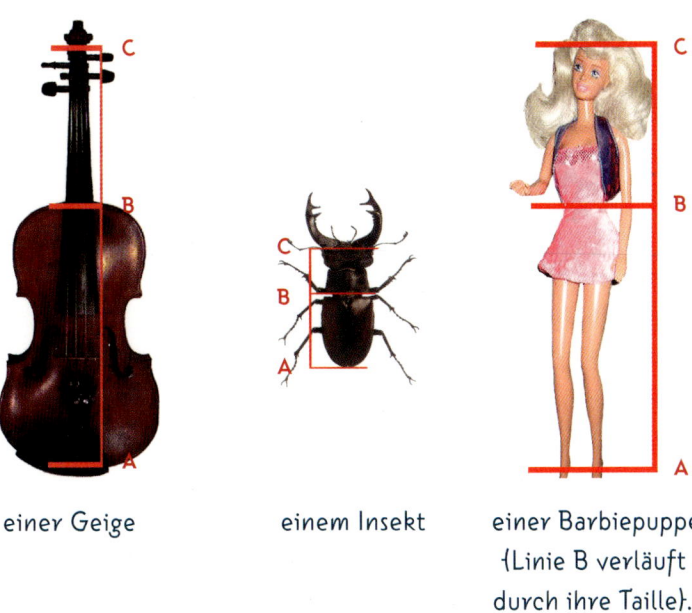

einer Geige   einem Insekt   einer Barbiepuppe
{Linie B verläuft
durch ihre Taille}.

Auf dieser Abbildung siehst du das nach dem Goldenen Schnitt entstandene Rechteck ACFD. Zu dem großen Quadrat ABED ist jetzt ein Rechteck BCFE dazugekommen, das kleiner ist und aufrecht steht. Wenn du die Metallspitze des Zirkels auf B setzt, kannst du von A nach E einen Viertelkreis ziehen.

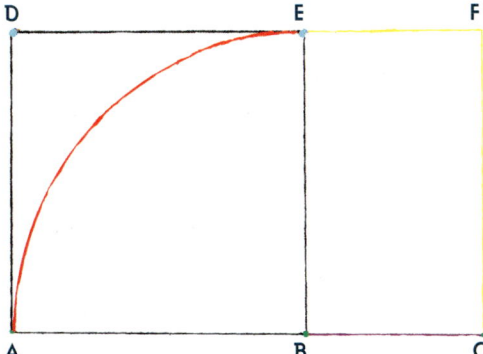

In das Rechteck BCFE kannst du wieder ein Quadrat zeichnen, GHFE. Es ist kleiner als das erste Quadrat. Darunter behältst du wieder ein Rechteck übrig, BCHG. Wenn du die Metallspitze des Zirkels auf G setzt, kannst du von E zu H einen etwas kleineren Viertelkreis ziehen, der an den größeren Viertelkreis anschließt.

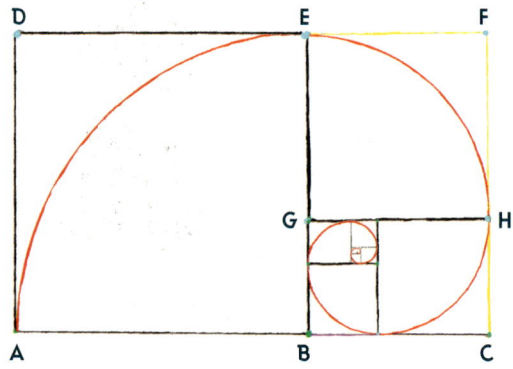

In das Rechteck BCHG kannst du wieder ein Quadrat zeichnen. Und wieder behältst du ein Rechteck übrig. In dem Rechteck kannst du wieder einen Viertelkreis ziehen. Und so kannst du mit immer kleineren Quadraten und Rechtecken weitermachen. Die Viertelkreise werden auch immer kleiner, und zusammen bilden sie eine hübsche Schnecke.

In Gedanken kannst du das fortsetzen, bis die Schnecke auf der einen Seite winzig klein wird und auf der anderen Seite riesengroß.

Hier ist die gleiche Schnecke in der durchgeschnitten Schale eines Nautilus zu sehen. Das ist eine Art Tintenfisch.

90

Was ich noch sagen wollte...
Comics müssen so auf der ...

Piep

Seite stehen, dass man weiß,
wie man ...

Piep

Was machst du hier?

Piep

Ich will früher
anfangen!

Du
musst
da
anfangen
!

Darf
ich jetzt
was
anderes
sagen
?

Unterdesse........rswo...

91

11 Von Bildern, die stehen und sich dennoch bewegen, und wie wir Zeitsprünge machen können

Sind das Drillinge? Oder ist es ein und dasselbe Männchen?

So sind es Drillinge.

So ist es ein und dasselbe Männchen.

Und steht das Bild, oder bewegt es sich?

Es steht, ein Buch ist kein Film. Aber wenn man Männchen zeichnet, die gehen, dann **gehen** diese Männchen. Man denkt nicht, dass sie regungslos breitbeinige Gleichgewichtsübungen machen.

So ein Männchen, das sich umdreht, ist auch Bewegung. Und darin kommt **Zeit** zum Ausdruck, denn man kann nicht im selben Moment nach vorn und nach hinten schauen (außer mit einem Spiegel).

Das Reden und Denken in den Sprechblasen kostet auch Zeit.

Also können in einer Zeichnung, die dasteht wie festgefroren, dennoch Zeit und Bewegung stecken.

Running makes you a better *Wide Receiver*

Diese Werbung zeigt Bewegung, als hätte man Bilder aus einem Film übereinandergelegt. So etwas Ähnliches haben Maler schon vor hundert Jahren gemacht.

Die wollten auf ihre Weise Bewegung in unbewegliche Gemälde bringen. Damals war der Film gerade erfunden worden. Noch kein digitaler Film, sondern eine lange Folge von einzelnen Bildern auf einem 35 Millimeter breiten durchsichtigen Streifen, die ganz schnell hintereinander gezeigt wurden. Solche Filme gibt es noch heute. In einer einzigen Sekunde fliegen

vierundzwanzig Bilder vorüber. Das geht für die Augen zu schnell, um sehen zu können, dass das alles einzelne Bilder sind. Es wirkt auf uns wie ein sich bewegendes Ganzes.

Das ist ein Gemälde aus dem Jahre 1910. Darauf beugt sich eine Frau vornüber.

Wenn du dieses Buch mit der rechten Hand hinten an seinem Rücken, der eigentlich eher seine Seite ist, festhältst und mit dem linken Daumen schnell die Seiten von hinten nach vorn durchblätterst, werden die kleinen Figuren rechts unten am Rand zu einem Film.

In Comics wird auch mit vielen Bildern hintereinander gearbeitet. Aber bei Filmen ist fast kein Zeitunterschied zwischen dem einen und dem nächsten Bild, weil sie so schnell vorüberflitzen.
    In Comics schon. Da kann eine ganze Minute dazwischen sein. Oder eine Stunde.

Oder fünfzig Jahre.

 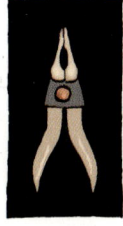 

Unser Gehirn ergänzt diese Zeit automatisch, weil wir den Zusammenhang zwischen den Bildern verstehen. Wenn wir keinen Zusammenhang sehen, tun wir das nicht. Mit diesem Zusammenhang kann man spielen, wenn man etwas zeichnet oder filmt. Zum Beispiel braucht man jemanden, der spricht, nicht die ganze Zeit sprechen zu sehen. Man kann unterdessen auch eine Teekanne zeigen oder eine Landschaft.

Hier kommen wir nicht auf den Gedanken, dass das Dach plötzlich »Mama!« ruft.

Comics waren früher da als Filme. Im neunzehnten Jahrhundert wurden sie zum ersten Mal so gezeichnet, wie wir sie heute kennen, nämlich als eine Folge von Bildern in Kästchen, die man nacheinander anschauen und lesen muss, von links nach rechts und von oben nach unten.

Aber schon viel, viel länger gibt es Geschichten, die mit gemalten, gezeichneten, gewebten oder in Stein gemeißelten Bildern erzählt wurden.

Die beiden folgenden entstanden vor etwa fünfhundert Jahren in Mexiko.

Eine Großmutter setzt ihr Enkelkind in die Badewanne. Drei Jungen sprechen den Namen des Kindes aus. Man sieht so etwas wie Sprechblasen, nur stehen keine Worte darin.

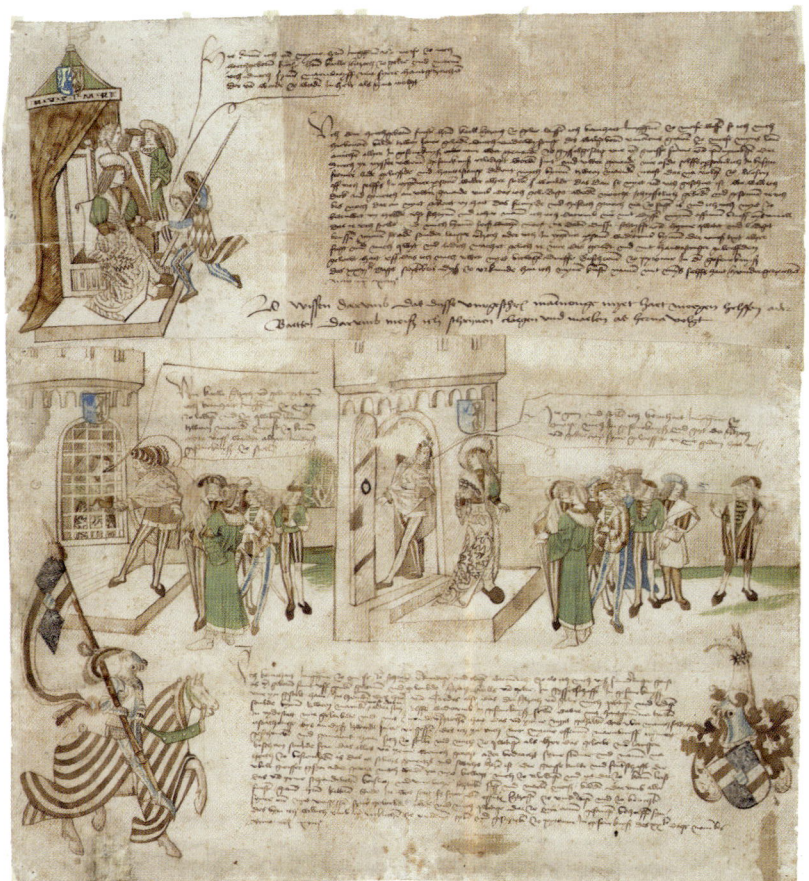

Der Graf von Moers schrieb einen bösen Brief an den Herzog von
Geldern. Doch so böse er auch war, er machte etwas Schönes daraus,
mitsamt Sprechblasen, was für die damalige Zeit etwas ganz
Besonderes war.

Die ersten Fotoapparate vor etwa hundertfünfzig Jahren brauchten noch
viel Zeit für die Belichtung. Da konnte man nicht mal eben einen Schnapp-
schuss machen, während sich die Welt weiterbewegte. Deshalb sehen die
Leute von damals auf Fotos auch oft so steif aus.

Es gab sogar spezielle
Apparate, mit denen
der Kopf stillgehalten
werden konnte, während
jemand fotografiert
wurde.

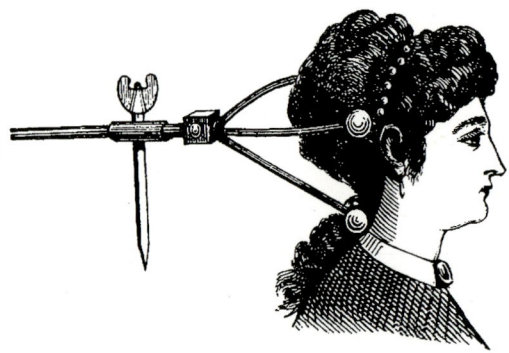

Viele Straßen und Brücken auf alten Fotos sehen leer aus. Das waren
sie aber gar nicht. Weil die Menschen sich weiterbewegten, während
das Objektiv des Fotoapparats geöffnet war, wurden sie zu verschwommenen Strichen. Nur das, was sich nicht bewegte, wurde
deutlich abgebildet.

Ein Foto, auf dem verschwommen und verwischt Bewegung zu sehen ist, gilt schnell als misslungen. Aber hier ist die Bewegung im Hintergrund Absicht, weil Schwung und Begeisterung gezeigt werden sollen. In Wirklichkeit bewegt sich das Auto, aber das ist als wichtiger Mittelpunkt des Fotos scharf abgebildet.

Obwohl ein Fotoapparat heute so schnell funktioniert, dass er fotografieren kann, was sich bewegt, stehen wir, wenn wir fotografiert werden, oft noch genauso steif da wie im neunzehnten Jahrhundert.

Man stellt uns zusammen. Man erwartet von uns, dass wir lächeln.
Und wir lächeln.

Und wenn das Foto fertig ist, können andere sich ansehen, wie wir wie
erstarrt abgebildet sind. Zeit und Bewegung sind für einen Moment
angehalten worden, während bei uns in Wirklichkeit alles weitergeht.

Viele Menschen fotografieren vor allem Sachen, die sie für etwas Besonderes halten. Alle machen Fotos von demselben Gebäude. Und dabei vergessen
sie manchmal, dass normale Sachen irgendwann gar nicht mehr so normal
sind. Weil sich mit der Zeit alles verändert.

12 Wie man Körper und Bäume verpackt und zur Schau stellt, was man hat

Überall um uns herum sind Bilder. Viele dieser Bilder zeigen junge Frauen, die anders aussehen als Frauen im Supermarkt

Sie sind manchmal zehn Stockwerke hoch und haben nicht das kleinste Pickelchen, denn die kann man mit dem Computer wegmachen.

Obwohl es verboten ist, nackt auf der Straße herumzulaufen, dürfen Models auf Fotos nackt oder halb nackt herumhängen.

Die Griechen vor mehr als zweitausend Jahren liefen auch nicht nackt auf der Straße herum. Aber beim Sport trugen die Männer keine Kleider {da durften dann keine Frauen dabei sein} und man machte viele Statuen von Nackten. Genau wie in unserer Werbung heute bildete man auch damals bevorzugt Körper ab, die man göttlich schön fand.

In Europa und Nordamerika wird heute überall verkündet, dass man schlank sein muss. Als hätte man das selbst in der Hand, aber das hat man nur zum Teil. Bis ins neunzehnte Jahrhundert hinein war es auch gar nicht erstrebenswert, schlank zu sein. Früher hieß es nämlich, wenn man dünn war, dass man wohl zu arm sei, um sich genug zu essen kaufen zu können. Wenn man dagegen wohlbeleibt war, bewies man damit, dass man genug Geld hatte, um viel zu essen und nicht so viel arbeiten zu müssen, dass man davon abnahm.

Das ist ein Gemälde von Jan van Eyck aus dem Jahre 1434. Das Hündchen symbolisiert die Treue zwischen dem Mann und der Frau. Die Frau ist nicht schwanger. Jan van Eyck malte viele Frauen mit dickem Bauch. Das fand man damals schöner als heute.

Auch heute noch gibt es Orte auf der Welt, wo man dick schöner findet als dünn. Und es gibt auch Künstler wie den Kolumbianer Fernando Botero, die dicke Formen lieber mögen als dünne.

In schicken Zeitschriften sind Fotos von schicken Autos und teuren Restaurants abgebildet. Wenn man schicke Zeitschriften auf einen schicken Couchtisch legt, stellt man zur Schau, dass man sich viel leisten kann.

Im siebzehnten Jahrhundert hängten sich reiche Leute Gemälde
mit Stillleben von erlegten Vögeln und reifen Früchten aus ihrem
Lustgarten an die Wand, um zu zeigen, was sie sich leisten konnten.
Für arme Leute war solches Essen unerschwinglich.

Dieses Gemälde von Vin-
cent van Gogh aus dem Jahre 1885 ist für die meisten
Menschen unerschwinglich.
Dabei ist es kein Bild von
Reichtum, sondern ein Bild
von Armut. Es sind abge-
tretene Arbeiterschuhe,
mit denen der Maler vorher
durch den Regen gelaufen
ist, um sie noch älter
aussehen zu lassen.

Solche Schuhe erzählen durch ihr Aussehen von harter Arbeit und von jemandem, der vielleicht nichts anderes zu essen hatte als Kartoffeln und Speck. Es sind auch keine Schuhe für ein Modefoto. Obwohl ... Eigentlich kann alles Mode werden, auch abgetretene Schuhe. Dann werden daraus teure Schuhe, die schon in der Fabrik abgetreten hergestellt werden. Es gibt ja auch zerrissene Jeans zu kaufen. Während arme Leute bemüht sind, keine allzu abgenutzten Kleider zu tragen, kaufen Leute, die genügend Geld haben, zerrissene Jeans.

Im neunzehnten Jahrhundert gab es viele bitterarme Fabrikarbeiter. Männer, Frauen und Kinder. Auch heute gibt es die noch. In Bangladesch zum Beispiel stellen Mädchen und Frauen für einen Hungerlohn viele der Kleider her, die in reichen Ländern mit oder ohne berühmtem Logo darauf verkauft werden.

Während arme Frauen schon immer hart arbeiten mussten, mussten reiche Frauen oft zu Hause bleiben. Sie durften nicht studieren, sondern höchstens ein bisschen sticken. Und vor allem durften sie nicht in die Sonne, denn braune Haut war etwas für arme Frauen, die den ganzen Tag auf dem Feld schufteten. In der Mode, die man sich im Laufe der Jahrhunderte für Frauen ausgedacht hat, konnten sie sich daher auch oft nicht normal bewegen. Zum Beispiel in

- **Korsetts, die ihnen die Luft abschnürten**
Reiche Frauen trugen Korsetts, die auf dem Rücken zugeschnürt wurden, zum Beweis, dass sie sich jemanden leisten konnten, der das für sie tat.
- **Schuhen, auf denen man balancieren musste.**
In China hat man jahrhundertelang Millionen kleiner Mädchen die Füße eingeschnürt, damit diese klein blieben. Die Mädchen und Frauen hatten ihr Leben lang Schmerzen und konnten auf ihren verkrüppelten Füßen kaum laufen.
- **Röcken, die so weit waren, dass man nur seitwärts durch die Tür konnte, oder so eng, dass man nicht ein Bein vor das andere setzen konnte, wie man das normalerweise tut.**

Im siebzehnten Jahrhundert
trugen vornehme Damen eine
Art Stoffwurst um die Hüften,
die man »Weiberspeck« nannte.

Und im achtzehnten Jahrhundert
waren die Frisuren so hoch, dass man sich
schon damals darüber lustig machte.

In diesem Kleid sieht der
Filmstar Audrey Hepburn aus wie
ein verpacktes Geschenk.

Nein, wir laufen nicht nackt auf der Straße herum. Wir tragen Kleider, um uns zu schützen und zu zeigen, welcher Gruppe wir angehören möchten oder welchen Beruf wir haben, um Eindruck zu machen oder Reichtum zur Schau zu stellen oder um für die, die uns mögen, hübsch auszusehen oder wie ein Geschenk.

Geschenke sind in Geschenkpapier verpackt. Kein Toilettenpapier, kein Zeitungspapier, sondern Geschenkpapier, das drumherum muss, damit das Geschenk ausgepackt werden kann. Solches Papier kann glänzen wie Schmuck. Und wenn eine Torte auf dem Tisch steht, ist sie meistens mit Sahne verziert oder mit Nüssen oder Früchten oder silbernem Zuckerguss oder nicht essbaren Kerzchen. Das hat man nicht einfach draufgeklatscht, sondern mit Überlegung angebracht, als Komposition. Eine festlich komponierte Torte sieht schmackhafter aus als eine, die aussieht wie ein unförmiger Klumpen, obwohl beide gleich gut schmecken können.

Als Vorspeise bitte die Grabensuppe mit Dreckstückchen, dann den Pferdeapfel mit Schleimsoße und zum Nachtisch den Matschklecks nach Art des Hauses.

Es gibt Künstler, die alles mögliche verpacken. Christo und Jeanne-Claude haben das gemacht. Sie nennen das Verhüllen. Eine Brücke. Ein Gebäude. Ein Tal. Bäume. Dadurch sieht etwas Vertrautes auf einmal anders aus. Und wenn man die Brücke, das Gebäude, das Tal oder die Bäume wieder auspackt, scheinen sie nicht mehr so selbstverständlich zu sein wie vorher.

Eine Skizze
vom Vorhaben

und die Ausführung.

Auf dieser Plantage in Costa Rica hat man die Bananenstauden verpackt. Nicht weil sie eine Überraschung sein sollen, sondern weil sie dann weniger Flecken bekommen und länger werden. Sie sind für den Verkauf in Europa und Nordamerika bestimmt. Man achtet vor allem auf das Äußere, das aussehen soll wie ein Model ohne Pickel.
Die Indios, die in Costa Rica leben, lassen ihre Bananen ohne Plastiktüten drumherum wachsen. Sie wissen, dass die Bananen dann zwar mehr Flecken haben, aber auch besser schmecken.

13 Vom Nachmachen und Inspiriertwerden und wie Delphine Menschen auf Ideen bringen können

Gegen Ende des neunzehnten Jahrhunderts malten sich viele Menschen aus, wie die Welt wohl im Jahr 2000 aussehen würde. Vielleicht würden wir dann alle eine Flugmaschine auf dem Rücken haben und Pferde beinahe ausgestorben sein.

Und ein Klassenzimmer würde so aussehen.

Dieser Zeichner hat sich etwas ausgemalt, was es noch nicht gab, aber dabei hat er verwendet, was es schon gab. Die Jungen tragen Kniebundhosen, wie man sie damals hatte, und der Apparat, in den der Lehrer Bücher wirft, muss noch von Hand angekurbelt werden. Wir, die über das Jahr 2000 hinaus sind, erkennen, was in dieser Zeichnung typisch neunzehntes Jahrhundert ist.

Trotzdem hat der Zeichner ein paar Dinge richtig vorhergesehen. Wir haben heute regelmäßig Kopfhörer auf, wenn auch viel kleinere als auf dem Bild. Und es stimmt, dass wir Informationen aus Apparaten beziehen, wenn das heute auch tragbare Computer sind.

Erfinder versuchen, ihre Fantasien zu verwirklichen. Und auch sie fangen nicht bei null an.

Die ersten Autos ähnelten noch den Fuhrwerken, die man schon kannte. Neu war der Motor, durch den man keine Zugpferde mehr brauchte.

Erst später sahen die Autos anders aus. Stromlinienförmiger. Eine Inspirationsquelle für diese neuen Formen waren die Delphine, die mit ihren strom-linienförmigen Körpern durchs Wasser schnellen.

Wer einen Stuhl entwirft, weiß, dass ein Stuhl zum Sitzen da ist. Man kann sich die originellsten Stühle ausdenken, aber wenn man nicht darauf sitzen kann, ist es eher irgendein Ding als ein Stuhl.

Aber auch wenn ein Stuhl brauchbar sein muss, können sich Designer die verschiedensten Formen ausdenken und sich sogar von Zootieren oder einem Wassertropfen oder der Mathematik inspirieren lassen.

Sich von schon Vorhandenem inspirieren zu lassen ist etwas anderes, als es einfach nachzumachen. Wie ein anderer Maler zu malen und dann auch noch seinen Namen darunterzuschreiben oder ein Stück aus einem Buch wortwörtlich abzuschreiben und nicht dazuzusagen, dass man es abgeschrieben hat, ist strafbar. In früheren Zeiten war das kein Problem. Da wurde es sogar geschätzt, wenn man etwas genau so machen konnte wie die Eltern oder Großeltern. Da fand man es auch nicht so wichtig, wer etwas gemacht hatte.

Seit es Fabriken gibt und die meisten Dinge in riesigen Mengen vom Band rollen, und zwar alle genau gleich, hat man nach anderen Möglichkeiten gesucht, wie aus diesen Dingen trotzdem wieder etwas Besonderes werden kann. Das Besondere ist zum Beispiel der Markenname. Eine bestimmte Marke zu benutzen oder zu tragen kann einem ein besonderes Gefühl geben, ein Gefühl, von dem die Marke in ihrer Werbung erzählt.

Von vielen bekannten Marken werden billige Imitate hergestellt. Aber ein Imitat mit einem echten Markenlogo zu versehen ist auch strafbar.

The weakest link, BBC   De zwakste Schakel, RTL 4

Fernsehmacher imitieren gern. Sender bezahlen viel Geld für die
Übernahme der Ideen, der **Formate**, anderer Sender.

Oft erkennt man, wenn man im Ausland ist, eine Sendung wieder, die auch
zu Hause im Fernsehen läuft. Sogar das Studio und der Moderator sehen
meistens fast gleich aus.

Vor der Küste von Dubai
hat man ein paar hun-
dert künstliche Inselchen
aufgeschüttet, die aus
der Luft wie ein zer-
stückeltes Abbild der
Welt aussehen. Aber
dort wohnen nur Super-
reiche, und deshalb hat
es überhaupt keine
Ähnlichkeit mit der
wirklichen Welt.

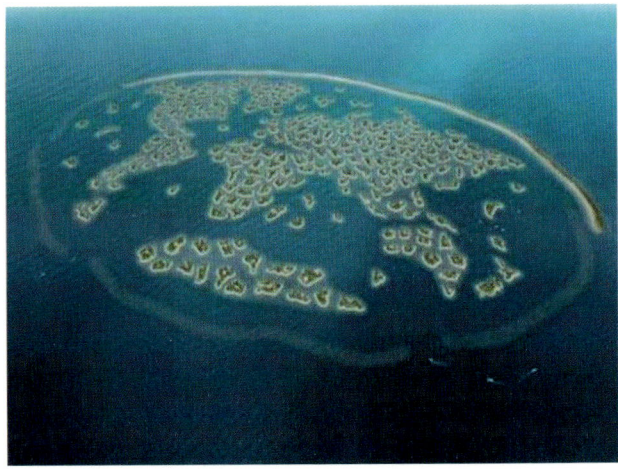

Walt Disney hat Filme nach Büchern gedreht, die es schon viel früher gab, wie zum Beispiel **Pu der Bär** und **Alice im Wunderland.**

Links sieht man Alice, wie sie in den ersten Zeichnungen aussah, die es von ihr gibt. Und rechts, wie sie im Disneyfilm aussah.

Alice   Eine Modezeichnung

Und so wurde sie in den zwanziger Jahren des zwanzigsten Jahrhunderts gezeichnet. Nach der damaligen Mode.

Das Gemälde rechts {**Brief lesendes Mädchen am offenen Fenster** von Johannes Vermeer} ist mehr als dreihundert Jahre älter als das Foto darunter {**Frau, eine Räumungsklage lesend**}. Der Fotograf hat hier nicht heimlich etwas nachgemacht, sondern wollte verdeutlichen, dass er an das berühmte Gemälde dachte, als er das Foto gemacht hat. Und trotzdem ist das Foto anders, schon allein, weil es ein Foto ist und kein Gemälde. Und weil sein Titel etwas darüber sagt, was die Frau auf dem Foto gerade liest.

Dieses Bild malte Diego Velázquez 1656. In der Mitte steht eine kleine spanische Prinzessin aus seiner Zeit. Sie hat ein Kleid an, mit dem sie nur seitwärts durch eine Tür passt.

Und dieses Bild malte Pablo Picasso 1957.

Picasso hat sich von dem dreihundert Jahre älteren Gemälde von Velázquez zu etwas anderem, Eigenem inspirieren lassen. Die Regeln der Perspektive, bei der man alles von einem Punkt aus sieht, hat er nicht angewandt. Den Kopf links oben kann man gleichzeitig von vorn und im Profil sehen.

Velázquez hat die Regeln schon angewandt, aber er hat in dem Spiegel hinten an der Wand die andere Seite der Szene mit ins Bild gebracht. Im Spiegel sieht man das spanische Königspaar von damals. Es posiert für das Gemälde, von dem auf diesem Gemälde nur die Rückseite zu sehen ist.

Hier hat also ein Maler ein Gemälde von sich selbst gemalt, wie er an einem Gemälde malt, und ein anderer Maler malte ein Gemälde, bei dem er sich von dem Gemälde des Malers inspirieren ließ, der sich malend gemalt hat.

Das ist eine Schulklasse von vor hundert Jahren. Die Schüler sollen
ein Blatt nachzeichnen.

Nicht das Blatt selbst, denn das können sie gar nicht richtig sehen.
Sie zeichnen ein vorgezeichnetes Blatt nach, ein schematisches Blatt.

Wenn sie sich ein echtes Blatt aus der Nähe anschauen könnten,
könnten sie sehen, wie das Licht daraufällt.

Und wie vielleicht Regentropfen darauf liegen bleiben.

Ob es frühlingsgrün ist oder herbstrot.

Sie könnten versuchen, das Blatt so zu zeichnen oder zu malen, wie es
wirklich aussieht.

Mit forschen oder schüchternen Strichen.

Mit kräftigen oder zarten Farben.

Sie könnten eine leichte Bewegung darin zeigen.

Und die Ränder, ob die gewellt sind oder gezackt und
ob etwas davon fehlt.

119

Oder vielleicht würden sie das Blatt verändern,
weil sie andere Ideen dazu im Kopf haben.
Würden sie zwei Seiten auf einmal abbilden.
Würden sie sich Flecken darauf ausdenken.
Würden sie es so groß machen wie das Dach eines Hauses.

Oder vielleicht würden sie auf das leere Blatt Papier starren und an ein tolles erfundenes Blatt denken, das schönste Blatt, das es je gegeben hat und das von einem Windstoß davongetragen wurde, hinaus in die Welt.

Danksagung

Ohne die Lektüre vieler anderer Bücher von Psychologen, Kunsthistorikern, Philosophen und Semiotikern, ohne Zeitschriften, Internet, Museumsbesuche und ohne die Erinnerung an das, was mir andere der älteren Generation erzählt haben, hätte ich dieses Buch nicht machen können.
Ich widme es meinem inspirierenden Bruder Theo, Semiotiker und Jazzpianist in Sydney.

Abbildungsnachweis

Die **Abbildungen** auf der Umschlagvorder-
und Rückseite, die Vignetten am Ende der
Seiten sowie die Abbildungen auf den Seiten
3, 6, 9, 10, 11 oben, 12 unten, 15 unten,
16, 17, 19 oben, 20, 21, 22, 23 Mitte links und
unten, 26, 32, 34, 35 unten, 36, 37, 38, 39, 42
unten, 47 oben, 48, 49 unten, 56, 59 unten, 61,
62, 63, 64, 65 oben, 66, 72, 73 oben, 75, 78
unten, 80, 81 oben, 82 oben, 84 oben, 85
unten, 86 unten, 87 oben, 88, 89, 90, 91, 92,
95, 99 unten, 100, 101, 108 oben, 109 unten,
112 oben rechts sind von Joke van Leeuwen.

Seite 8 Instrument Flight Rules {IFR}-Strecken-
Karte

11 unten Südpersischer Teppich, 19. Jhd., Samm-
lung Franz Bausback, Mannheim

12 oben Paul Klee, »Tanzende Früchte«, 1940,
Kleisterfarbe auf Papier auf Karton,
29,5 x 41,8 cm, Kunstmuseum Bern, Hermann
und Margrit Rupf-Stiftung

14/15 oben Wladimir Putin u. a. auf dem EU-
Gipfel in Lahti, 20. Oktober 2006, Foto:
AP Photo / François Mori

18 René Magritte, »Die Promenaden des Euklid«,
1955, Öl auf Leinwand, 162,88 x 129,86 cm,
Minneapolis Institute of Arts, © VG Bild-
Kunst-Bonn 2010

23 oben links Reiner Zimnik, Zeichnung, © VG
Bild-Kunst-Bonn 2010

23 oben rechts Rodolphe Töpffer, Zeichnung

24 Jan Miense Molenaer, »Allegorie der fünf
Sinne: Geruch«, 1637, Öl auf Holz,
19,5 x 24,3 cm, Mauritshuis, Den Haag

25 Johann Georg Platzer, »Rebekka am Brunnen«,
um 1735, Öl auf Kupfer, 37,5 x 49,5 cm, Belve-
dere, Wien

29 Stier, altsteinzeitliche Höhlenmalerei,
Altamira, Spanien, zwischen 21000 und
13000 v. Chr.

30 María Sanz de Sautuola, Foto, 1875 – 79

31 Kuppel des Baptisteriums, Parma, erbaut
1196 – 1216 und 1260 – 1302/07, Architekt:
Benedetto Antelami, Ausmalung der Kuppel
13. Jhd., Foto: © kees hulsen

33 »Screenshot aus Second Life«, »Second Life«
ist ein eingetragenes Warenzeichen der Linden Research Inc., mit freundlicher Genehmi-
gung der Linden Research Inc.

40 PANTONE-Farbskalen

41 oben Miniatur, Meister von Kaiser Karl V.,
Brüssel, ca. 1525

43 unten Jan Mostaert, »Hügelige Flusslandschaft
mit dem heiligen Christophorus«, Ausschnitt,
16. Jh., Öl auf Holz, 108 x 142,2 cm, Museum
Mayer van den Bergh, Antwerpen, mit Dank
an Catharine Van Herck

45 Mark Rothko, »Harvard Murals«, 1962, ©
Kate Rothko-Prizel & Christopher Rothko / VG
Bild-Kunst, Bonn 2010

47 unten hinduistischer Tempel mit Swastika,
Foto

49 oben Hartmann Schedel, Holzschnitte aus der
»Weltchronik«, Nürnberg 1493

50 **unten** Grabfigur, St. Jakobskirche,
Antwerpen

51 **oben** Catharina Ykens, »Memento Mori
{Vanitas}«, 1689, Privatsammlung

54 Caravaggio, eigentlich Michelangelo Merisi,
»Christus in Emmaus«, um 1598, Öl auf Lein-
wand, 140 x 197 cm, The National Gallery,
London

55 Rembrandt van Rijn, »Die Nachtwache«
{Offizieller Titel: »Die Kompanie des Haupt-
manns Frans Banning Cocq und des Leutnants
Willem van Ruytenburgh im Moment des
Sammelns«}, Ausschnitt, 1642, Öl auf Lein-
wand, 359 x 438 cm, Rijksmuseum, Amsterdam

57 Dunkelkammer zum Nachzeichnen von Land-
schaften, 1694 von Robert Hooke der
Royal Society in London vorgestellt, 1726,
Kupferstich

58 **oben** Nola Hatterman, »Die Verfolgten«,
1952, Papier hinter Glas, Stedelijk Museum
Amsterdam

58 **unten** Sansibar, Foto: J. D. Joubert

59 **oben** Judith Leyster, »Mann, der einer jungen
Frau Geld anbietet«, Ausschnitt, 1631,
30,9 x 24,2 cm, Mauritshuis, Den Haag

60 **oben** John Glover, »Australische Landschaft
mit Rindern«, 1833, Tasmanian Museum and
Art Gallery

60 **unten** Hans Heysen, »Aroona«, 1939, Wasser-
farbe auf Papier, 42,2 x 62 cm, Privatsammlung, © VG Bild-Kunst, Bonn 2010

65 **unten** Albrecht Dürer, Stich, 1525, Fine Arts
Museum, San Francisco

67 **oben** Pieter Jansz Saenredam, Skizze für
»Interieur der St. Odulphus-Kirche in Assen-
delft«, 1643

67 **unten** Straßenkinder beim Mittagessen im
Untersuchungsgefängnis Dongri, Bombay,
1992, Foto: getty images / Dario Mitidieri

68 **oben** Esther Kroon, »Tilanusstraat«, Amsterdam, 1989, Foto: © Esther Kroon / Nederlands
Fotomuseum

68 **unten** Anonym, »Die Konkubine des Kaisers
Hongli«, Ausschnitt, 18. Jh., Palastmuseum
Peking

69 Andō {eigentlich Utagawa} Hiroshige,
»Shôno / Hakuu {Shôn / Der Platzregen}«,
1833 — 34, Station 45 der Serie »Tôkaidô
gojûsan tsugi no uchi {53 Stationen der
Ostmeerstrasse}«, Farbholzschnitt,
22,2 x 34,4 cm, Bibliothèque Nationale, Paris

70 **oben** Frieda Hunziker, nr5, 1954, Öl auf
Leinwand, 100 x 75 cm, cobra museum voor
moderne kunst, Amstelveen

71 Menschenopfer, aus einem aztekischen Kodex

73 **unten** Sklavendenkmal, Stone Town, Sansibar

74 **oben** Sklavenhütten, Bonaire, Kleine Antillen,
Foto: Christian Bossu-Picat

74 **unten** Justizpalast Brüssel, Foto: fotopre-
mium

76 Jean Auguste Dominique Ingres, »Napoleon
auf dem Thron«, um 1806, Öl auf Leinwand,
266 x 160 cm, Musée de l'Armée, Paris

77 Leonardo da Vinci, »Das Abendmahl«,
1495 — 97, Wandgemälde, 460 x 880 cm,
Mailand, Refektorium des Klosters S. Maria
delle Grazie, Mailand

78 **oben** Antarktis, NASA-Satellitenfoto

81 **unten** Francisco de Goya, »Hund«, 1820 / 23,
Öl auf Putz, auf Leinwand übertragen,
134 x 80 cm, aus der Serie der »Schwarzen
Bilder« aus Goyas Haus »Quinta del Sordo«,
Museo del Prado, Madrid

82 **Mitte links** © Dolce & Gabbana

82 **Mitte rechts** © Calvin Klein

83 © Chronicle Books, San Francisco 1989

84 **unten** Sir John Tenniel, »Alice wächst und passt nicht mehr in ihr Zimmer«, aus »Alice im Wunderland« von Lewis Carroll, 1891

85 **oben** Rene Cloke, Alice im Wunderland, 1944

86 **oben** Juliana-van-Stolberg-Kaserne, Amersfoort, frühes 20. Jh.

87 **unten** Juliana-van-Stolberg-Kaserne, Amersfoort, Foto: © Ron Jagers

93 © asics

94 František Kupka, »Blumen pflückende Frau«, 1910, Pastell, Musée d'Orsay, Paris, © VG Bild-Kunst, Bonn 2010

96 aus einem aztekischen Kodex

98 **unten** Thomas Annan, Princess Street, von der King Street aus gesehen, Glasgow, 1868

99 **oben** Ein italienischer Fußballfan feiert in seinem Fiat 500 den Gewinn der Fußball-Weltmeisterschaft in Deutschland, 2006, Foto: © Antonello Nusca

99 **unten / 100** mit Dank an Familie Bogers

102 **oben** © Punto Blanco

102 **unten** Athlet in Olympia, 5. Jh. v. Chr., British Museum, London

103 Jan van Eyck, »Giovanni Arnolfini und Giovanna Canami (sog. Arnolfini-Hochzeit)«, 1434, Öl auf Holz, 82 x 60 cm, The National Gallery, London

104 **oben** Fernando Botero, »Sitzende Frau«, Bronzeskulptur, 2002

105 **oben** Frans Snijders, »Stillleben«, 1616

105 **unten** Vincent van Gogh, »Ein Paar Schuhe«, 1886, Öl auf Leinwand, 37,5 x 45 cm, Van Gogh Museum, Amsterdam

107 **unten rechts** Audrey Hepburn

108 **unten / 109 oben** Christo und Jeanne-Claude, »Wrapped Trees«, Fondation Beyeler und Berower Park, Riehen, Schweiz, 1997 / 98, Foto: Wolfgang Volz / laif, © Christo 1998

110 Jean Marc Côté, Schulunterricht im Jahr 2000, 1899

111 **oben** Benz Patent-Motorwagen, 1886

112 **unten links** Gerrit Rietveld, »Steltman Stuhl«, 1964, © VG Bild-Kunst, Bonn 2010

112 **unten rechts** Claude Lalanne, »Krokodilstuhl«, 1972, © VG Bild-Kunst, Bonn 2010

113 **oben links** Ron Arad, »Well Tempered Chair«, 1986, © Ron Arad Associates, London

113 **oben rechts** Ludwig Mies van der Rohe, »Freischwingerstuhl MR«, 1927, © VG Bild-Kunst, Bonn 2010

114 **oben links** Spielshow »The Weakest Link« des britischen Fernsehsenders BBC, © BBC Photograph Library

114 **oben rechts** Spielshow »De Zwakste Schakel« des niederländischen Fernsehsenders RTL4, © RTL4

114 **unten** Inselgruppe »The World«, Dubai, Vereinigte Arabische Emirate, Luftbild

115 **oben links** Sir John Tenniel, zu »Alice im Wunderland« von Lewis Carroll, 1866

115 oben rechts »Alice im Wunderland«, Zeichentrickfilm, 1951, © Walt Disney Pictures

115 unten links Willy Pogany, zu »Alice im Wunderland« von Lewis Carroll, 1929

115 unten rechts George Barbier, Modezeichnung, 1925

116 oben Johannes Vermeer, genannt Vermeer van Delft, »Brief lesendes Mädchen am offenen Fenster«, um 1659, Öl auf Leinwand, 83 × 64,5 cm, Gemäldegalerie Alte Meister Dresden

116 unten Tom Hunter, »Frau, eine Räumungsklage lesend«, Foto, 1997, © Tom Hunter

117 Diego Velázquez, »Las Meninas« {Die Familie Philipps IV., Velázquez und die königliche Familie}, 1656, Öl auf Leinwand, 318 × 276 cm, Museo del Prado, Madrid

118 Pablo Picasso, »Las Meninas Nr. 1«, 1957, Öl auf Leinwand, 194 × 260 cm, Museo Picasso, Barcelona, © Succession Picasso / VG Bild-Kunst, Bonn 2010

119 Joseph Vaughan, »Nelson's New Drawing Course«, Foto, 1903

Joke van Leeuwen, geb. 1952 in Den Haag, studierte Kunst und Geschichte in Antwerpen und Brüssel. Seit Ende der Siebzigerjahre schreibt sie für Kinder, seit den Neunzigern auch für Erwachsene. Ihre Bücher wurden vielfach ausgezeichnet, u. a. mit dem Deutschen Jugendliteraturpreis. Joke van Leeuwen lebt in Antwerpen.

Hanni Ehlers, geb. 1954 in Eutin {Schleswig-Holstein}, studierte Niederländisch, Englisch und Spanisch an der Universität Heidelberg. Seit 1986 arbeitet sie als freie Literaturübersetzerin. 2006 wurde sie mit dem Else-Otten-Preis ausgezeichnet. Hanni Ehlers lebt in der Nähe von Lübeck.

Wir danken dem Nederlands Letterenfonds
und der Mondriaan Stichting für die Förderung
der Übersetzung ins Deutsche.

1. Auflage 2012
Die Originalausgabe erschien erstmals 2009 unter dem
Titel »Een halve hond heel denken. Een boek over kijken«
bei Querido, Amsterdam.
Copyright text and illustrations © 2008 by Joke van Leeuwen.
Amsterdam, Em. Querido's Uitgeverij B.V.
Deutsche Ausgabe Copyright © 2012 Gerstenberg Verlag,
Hildesheim
Alle Rechte vorbehalten
Übersetzung: Hanni Ehlers
Layout und Satz: Matrix Buchkonzepte,
Christina Modi / Maren Orlowski GbR, Hamburg
Druck und Bindung: fgb · freiburger graphische betriebe
Printed in Germany

www.gerstenberg-verlag.de

ISBN 978-3-8369- 5347-4